Kh. Lakshman Singh
Debjani Panda

Efeito de resíduos de polietileno em misturas de betão betuminoso

Kh. Lakshman Singh
Debjani Panda

Efeito de resíduos de polietileno em misturas de betão betuminoso

Um estudo experimental sobre a utilização de betume modificado com polietileno

ScienciaScripts

Imprint

Any brand names and product names mentioned in this book are subject to trademark, brand or patent protection and are trademarks or registered trademarks of their respective holders. The use of brand names, product names, common names, trade names, product descriptions etc. even without a particular marking in this work is in no way to be construed to mean that such names may be regarded as unrestricted in respect of trademark and brand protection legislation and could thus be used by anyone.

Cover image: www.ingimage.com

This book is a translation from the original published under ISBN 978-620-2-07851-1.

Publisher:
Sciencia Scripts
is a trademark of
Dodo Books Indian Ocean Ltd. and OmniScriptum S.R.L publishing group

120 High Road, East Finchley, London, N2 9ED, United Kingdom
Str. Armeneasca 28/1, office 1, Chisinau MD-2012, Republic of Moldova, Europe
Printed at: see last page
ISBN: 978-620-7-97494-8

ÍNDICE

CAPÍTULO 1

1. Introdução

1.1 Geral

Na Índia, são geralmente utilizados dois tipos de pavimentos: o pavimento flexível e o pavimento rígido. Os pavimentos flexíveis têm baixa resistência à flexão. Estes pavimentos reflectem a deformação da sub-base e das camadas subsequentes até à superfície superior, enquanto os pavimentos rígidos têm uma elevada resistência à flexão. Estes pavimentos são feitos de betão de cimento simples, reforçado ou pré-esforçado.

Os pavimentos flexíveis com revestimento betuminoso são muito utilizados na Índia por serem económicos em termos de custo inicial e de manutenção. Estes pavimentos são construídos com material betuminoso, que une os agregados minerais. Embora a proporção de ligante betuminoso num revestimento rodoviário seja muito inferior à dos agregados, a quantidade e a qualidade do ligante têm grande influência no comportamento do pavimento betuminoso. As classes de betume VG 30 e VG 10 são basicamente utilizadas na Índia em função das condições climatéricas, quentes ou frias. A elevada intensidade de tráfego em termos de veículos comerciais, a sobrecarga extensiva dos camiões e as variações significativas da temperatura diária e sazonal do pavimento são responsáveis pelo desenvolvimento precoce de sintomas de aflição, como o desnivelamento, as ondulações, os sulcos, as fissuras, a hemorragia e o empurrão da superfície betuminosa. Outro fator, que causa maior preocupação na Índia, é a temperatura muito elevada e baixa do pavimento em algumas partes do país. Nestas condições, os pavimentos flexíveis tendem a tornar-se moles no verão e quebradiços no inverno.

O betume é utilizado como material ligante e impermeabilizante para a construção de estradas. Para aumentar as propriedades do ligante betuminoso e melhorar o desempenho do pavimento flexível, o betume tem de ser modificado com alguns aditivos cuja tendência é melhorar o desempenho do betume. Existem vários modificadores disponíveis em todo o mundo, tais como elastómeros termoplásticos, polímeros termoplásticos, polímeros termoendurecíveis, modificadores químicos, etc. Neste projeto, os resíduos de polietileno são utilizados para determinar a resistência das misturas betuminosas. Foram adicionadas várias percentagens de polietileno ao betume e verificou-se a alteração das propriedades físicas. As caraterísticas de suscetibilidade à humidade das misturas de betão betuminoso foram avaliadas no presente estudo.

1.2 Necessidade de ligantes modificados no pavimento

Investigações efectuadas na Índia e no estrangeiro revelaram que as propriedades do betume e das misturas betuminosas podem ser melhoradas para satisfazer os requisitos do pavimento com a incorporação de determinados aditivos ou de uma mistura de aditivos. Os aditivos são designados "modificadores betuminosos" e o betume tratado com estes modificadores é conhecido como "betume modificado". Espera-se que o betume modificado aumente a vida útil do revestimento em 50 a 100 %, consoante o grau de modificação e o tipo de aditivos utilizados. Com uma seleção cuidadosa dos modificadores e observando as precauções sugeridas durante a construção, é possível melhorar as propriedades das misturas betuminosas e aumentar a vida útil do pavimento, especialmente em áreas onde se prevêem cargas de tráfego elevadas.

O betume utilizado no revestimento de estradas deve ter caraterísticas de viscosidade a uma temperatura tal que o revestimento possa resistir à deformação plástica a alta temperatura e à fissuração frágil a baixas temperaturas. Em muitos locais do país, o betume disponível no mercado tem caraterísticas de viscosidade térmica que não são capazes de satisfazer ambos os requisitos, o que resulta numa falha prematura do revestimento betuminoso. A mistura betuminosa utilizada num revestimento é tornada um pouco mais rígida para que possa ter uma vida de fadiga mais longa e possa suportar cargas de tráfego durante um longo período de tempo. O aumento da durabilidade de um revestimento betuminoso resultará numa economia no consumo de betume e de outros materiais de pavimentação.

As vantagens do betume modificado podem incluir um ou mais dos seguintes aspectos para as obras rodoviárias

- Menor suscetibilidade às variações de temperatura diárias e sazonais

- Melhores propriedades de resistência ao envelhecimento

- Maior resistência à fadiga das misturas

- Melhor aderência entre agregados e ligantes

- Prevenção da fissuração e da fissuração por reflexão

- Desempenho globalmente melhorado em condições climáticas extremas e em condições de tráfego intenso

1.3 Misturas betuminosas

A conceção da mistura betuminosa consiste em determinar a proporção de agregado grosso, agregado fino, material de enchimento e ligante, de modo a que a mistura seja trabalhável, resistente, durável e económica. Tipos de misturas betuminosas:

(i)Misturas densas graduadas - Consistem em misturas bem graduadas para uso geral.

São designadas pelo seu agregado de dimensão nominal máxima. Este tipo de mistura é adequado para todas as condições de tráfego.

(ii) Asfalto de matriz de pedra - Também é chamado de asfalto de mástique de pedra. Trata-se de uma mistura graduada, concebida para maximizar a durabilidade e a resistência aos sulcos. Normalmente, é utilizado um ligante betuminoso de grau rígido ou betume modificado com polímeros.

(iii) Misturas de gradagem aberta - Esta mistura foi concebida para ser permeável à água. Normalmente, esta mistura tem vazios de ar de 15%, sem limite máximo. O agregado fino e o material de enchimento estão ausentes. Oferece boa fricção mas baixa resistência.

(iv) Asfalto misturado a quente - É produzido através do aquecimento do ligante asfáltico para diminuir a sua viscosidade e da secagem do agregado para remover a humidade antes da mistura. A mistura é geralmente efectuada com o agregado a cerca de 150 °C para o asfalto virgem.

(v) Asfalto de mistura quente - É produzido através da adição de zeólitos, ceras, emulsões de asfalto ou, por vezes, mesmo água ao ligante asfáltico antes da mistura. Isto permite temperaturas de mistura e de colocação significativamente mais baixas e resulta num menor consumo de combustíveis fósseis, libertando assim menos dióxido de carbono, aerossóis e vapores. Para além da melhoria das condições de trabalho, a redução da temperatura de aplicação permite também uma disponibilidade mais rápida da superfície para utilização.

(vi) Asfalto misturado a frio - É produzido através da emulsificação do asfalto em água com (essencialmente) sabão antes de ser misturado com o agregado. No seu estado emulsionado, o asfalto é menos viscoso e a mistura é fácil de trabalhar e compactar. A emulsão desfaz-se após a evaporação de água suficiente e a mistura a frio assume, idealmente, as propriedades do HMAC a frio. A mistura a frio é normalmente utilizada como material de remendo e em estradas de serviço com menor tráfego.

1.4 Objectivos

(i) Avaliar as propriedades físicas do betume puro e do betume modificado utilizando resíduos de polietileno obtidos a partir de resíduos domésticos.

(ii) Estudar o efeito dos modificadores e da sua mistura através da adição de várias percentagens de resíduos de polietileno nas propriedades de estabilidade Marshall

(iii) Comparar os resultados de misturas betuminosas utilizando pó de pedra e escória de alto-forno como material de enchimento.

(iv) Estudar o efeito do ligante modificado com diferentes percentagens de resíduos de polietileno na resistência à tração indireta das misturas betuminosas.

(v)   Estudar as suas caraterísticas de suscetibilidade à humidade.

1.5 Necessidade do estudo

Em países como a Índia, os resíduos de polietileno são produzidos em grandes quantidades, especialmente a partir de resíduos domésticos. A eliminação dos resíduos de polietileno é um grande problema. Não é biodegradável. A queima destes resíduos de sacos de plástico causa poluição ambiental. Para encontrar a sua utilização em misturas betuminosas, serão efectuados ensaios de desempenho em laboratório. A melhoria das propriedades das misturas betuminosas constitui uma solução útil para a sua eliminação.

O objetivo deste estudo é produzir uma mistura de agregado e asfalto com um vazio controlado. Se o vazio do agregado misturado for demasiado baixo, a mistura não poderá transportar asfalto suficiente e, por conseguinte, será difícil de compactar devido a uma lubrificação insuficiente. Não será suficientemente durável, uma vez que a película sobre as partículas de agregado será demasiado fina. Por outro lado, se o índice de vazios for demasiado elevado, é provável que a mistura não tenha estabilidade, porque cada agregado receberá menos apoio dos que o rodeiam. Os materiais de enchimento podem melhorar a suscetibilidade à temperatura e a durabilidade do ligante asfáltico e da mistura asfalto-betão. Os efeitos destes materiais de enchimento dependem também das granulometrias. Para se obter uma boa mistura, os agregados e o material de enchimento devem unir-se

Convencionalmente, na Índia, a areia fina com pó de pedra é utilizada como material de enchimento na mistura betuminosa. Neste estudo, procura-se determinar o efeito dos tipos de material de enchimento barato e não convencional no comportamento das misturas betuminosas. Para o efeito, a escória de alto-forno será utilizada como material de enchimento não convencional. As caraterísticas de desempenho da mistura contendo diferentes tipos de carga serão avaliadas através do exame das propriedades fundamentais do material e da realização de vários ensaios laboratoriais. Em seguida, os resultados obtidos para o tipo de mistura contendo cargas não convencionais serão comparados com os resultados obtidos para o tipo de mistura contendo cargas convencionais. A possibilidade de utilizar um material de enchimento não convencional (escória de alto-forno) também será investigada.

CAPÍTULO 2

2. Revisão da literatura

2.1 Estudos sobre betumes modificados e misturas

Os ligantes asfálticos modificados com polímeros (PMA) são frequente e eficazmente utilizados na indústria da pavimentação para melhorar o desempenho do pavimento e aumentar a sua vida útil, Buttonet al. (1987), Denning, J.H., and Carswell, J., (1983),Nahaaset al.1990) Jew, P., and Woodhams R.T.,(1986), Qi,Xet al. (1995), Brule,B., (1996)Goodrich, J., (1991). Verificou-se que os PMA melhoram várias propriedades da mistura asfáltica, tais como a suscetibilidade à temperatura, a vida à fadiga e a resistência à deformação permanenteLittle, D.N., (1991) Punith, V.S. et al. (2004). Trabalhos de investigação no estrangeiro referem que o PMA pode ser muito adequado para aplicações especiais, onde o tráfego é extremamente intenso ou as variações climáticas são grandes, Baladi.Get al. (1989), Jainet al. (1992). Denning e Carswell (1983) utilizaram o ligante NOVOPHALT, que é um asfalto austríaco (B70) modificado com 7% em peso de PE. Sugeriram que serão necessárias temperaturas de mistura e de colocação mais elevadas para as misturas que contêm NOVOPHALT. Jew e Woodhams (1986) relataram que a amostra de CA modificada com PE reteve 67,3% da estabilidade Marshall em comparação com 61,7% para a amostra de controlo. Concluíram que a resistência a húmido do provete modificado com PE era igual à resistência a seco do provete de controlo. Jainet al. (1992) referiram que, ao adicionar 2% de PE ao cimento asfáltico, a vida à fadiga das misturas asfálticas aumentou 10 vezes em relação às misturas preparadas com ligante asfáltico 80/100. Também referiram que, ao adicionar 10% de PEBD ao cimento asfáltico, a vida à fadiga da mistura reduziu-se para 1/5 vezes.

Mahabir Panda e Mayajit Mazumdar (1999) afirmaram que a utilização de EVA com betume resulta em estabilidades Marshall tão elevadas como 14 kN. A utilização de EVA aumenta a estabilidade e os vazios de ar e diminui o valor de fluxo e o peso unitário. A utilização de ligante modificado requer um maior teor de ligante e uma temperatura mais elevada para a mistura e compactação dos agregados. Para misturas de pavimentação, a composição óptima foi de 5% de concentração de EVA no ligante e 6% de ligante em peso da mistura total. A modificação do betume com EVA aumenta a resistência à tração às temperaturas de ensaio. As propriedades de remoção também são melhoradas como resultado da modificação do betume por EVA.

Airey et al. (2004) estudaram o comportamento reológico linear de materiais de pavimentação betuminosa. Concluíram que o comportamento reológico das misturas asfálticas que incorporam uma gama de ligantes não modificados e modificados mostrou semelhanças com as caraterísticas reológicas dos ligantes RTFOT envelhecidos constituintes e que o efeito de endurecimento da mistura asfáltica DBM, tanto para os ligantes não modificados como para os ligantes modificados com SBS, foi aproximadamente 100 vezes maior em valores elevados de módulo complexo e aproximadamente 6.000 vezes maior em valores baixos de módulo complexo.

Panda e Mazumdar, (2002) seguiram o método de preparação do ligante, a temperatura e o tempo de mistura como o do betume modificado com EVA. Foi referido que as alterações nas propriedades do betume modificado com polietileno reciclado são semelhantes às do betume modificado com EVA. Utilizaram polietileno recuperado como modificador e afirmaram que o requisito ótimo de PE é de 2,5%. A estabilidade Marshall, o módulo de elasticidade, a vida à fadiga e a suscetibilidade à humidade das misturas foram melhorados em resultado da modificação do cimento asfáltico com polietileno reciclado.

A.I. Al-Hadidy e Tan Yi-qiu (2010), na sua investigação, utilizaram estireno-butadieno-estireno (SBS) e amido (ST) para modificar o asfalto. As propriedades básicas dos ligantes asfálticos modificados e do betão asfáltico com mástique de pedra (SMAC) contendo esses ligantes asfálticos foram estudadas e comparadas com as do cimento asfáltico. A estabilidade Marshall, o Quociente Marshall, a resistência à tração, o rácio de resistência à tração, a resistência ao cio, a resistência à flexão e o módulo de elasticidade foram realizados no SMAC. As análises dos resultados dos ensaios mostram que o desempenho do SMAC modificado com SBS é ligeiramente melhor quando comparado com o SMAC modificado com ST. A suscetibilidade à temperatura pode ser reduzida pela inclusão de SBS e ST no SMAC.

Hyun Hwan Kim et al. (2015), misturaram ligantes emborrachados usando cinco níveis diferentes de teor de cera (0, 1,5, 2,5, 3,5 e 4,5% por peso de ligante) para produzir ligantes emborrachados quentes. Os resultados deste estudo sugeriram que a viscosidade dos ligantes emborrachados a 135°C pode ser reduzida pela adição de um aditivo de cera, como esperado; os ligantes emborrachados com maior teor de cera podem resultar em um desempenho de ligante que atenda aos requisitos atuais do ligante Superpave, especialmente para os parâmetros de resistência à fissuração (ou seja, $G*\sin 5$ e rigidez); e o teor de cera pode ser aumentado até 3,5% para os ligantes emborrachados, resultando em mais redução de temperatura para mistura e compactação.

Rafiqul A. Tarefder e Seyed S. Yousefi (2015) modificaram o betume com polímeros de estireno-butadieno e estireno-butadieno-estireno a 3, 4 e 5% e, em seguida, envelheceram-no em laboratório utilizando um forno de película fina rolante para o envelhecimento a curto prazo, um recipiente de envelhecimento sob pressão para o envelhecimento a longo prazo e um forno de tiragem para o envelhecimento intermédio. As propriedades de rigidez dos aglutinantes modificados foram determinadas utilizando o reómetro de cisalhamento dinâmico (DSR), a recuperação de fluência de tensão múltipla (MSCR), o viscosímetro rotacional de Brookfield (RV) e os testes de reómetro de feixe de flexão (BBR). A comparação dos índices de envelhecimento para o módulo de armazenamento e perda indicou que o envelhecimento aumenta o componente elástico ou de armazenamento mais do que o componente viscoso ou de perda do módulo de cisalhamento complexo. Foi demonstrado que o aumento da percentagem de polímero resulta numa diminuição do envelhecimento tanto para os ligantes modificados com SB como para os modificados com SBS. Os modificados com SB são mais resistentes ao envelhecimento do que os modificados com SBS.

S. K. Palit et al. (2004) utilizaram borracha fragmentada (CR) obtida a partir de pneus de camiões e autocarros fora de uso para modificar o cimento asfáltico de grau de penetração 80/100. Verificou-se que o comportamento à fadiga das misturas modificadas com borracha fragmentada melhorou significativamente em comparação com as misturas normais. Melhorias como uma melhor recuperação elástica do ligante modificado, melhores caraterísticas de envelhecimento, menor suscetibilidade à temperatura, menor suscetibilidade a danos provocados pela humidade, etc., esperavam que a vida à fadiga em campo das misturas modificadas com CR fosse pelo menos duas vezes superior à das misturas asfálticas normais. As misturas modificadas com borracha de migalhas apresentaram um menor potencial de deformação permanente em comparação com as misturas normais.

NurIzzi Md. Yusoff et al. (2014), investigaram as caraterísticas de desempenho da mistura asfáltica modificada com polímero (PMA) com a adição de partículas de nano-sílica. A nano-sílica reduz a suscetibilidade aos danos causados pela humidade e aumenta a resistência das misturas asfálticas. Observa-se também que a resistência à fadiga e ao desgaste é melhorada para a PMA misturada com partículas de nano-sílica. Os valores do índice de envelhecimento mostram que a suscetibilidade ao envelhecimento oxidativo é significativamente reduzida com o aumento do teor de nano-sílica, particularmente no caso do envelhecimento a longo prazo. A adição de 4% de nano-sílica com PMA parece ter o maior potencial de modificação benéfica do ligante.

A. U. Ravi Shankar et al. (2013) utilizaram polietileno recuperado por processo seco. O valor de estabilidade Marshall para a mistura com 6% de resíduos de plástico foi muito superior ao das outras misturas. A estabilidade aumentou em 12% para a mistura com 6% de resíduos plásticos em comparação com a mistura de BC pura. O valor do fluxo também está dentro do limite para esta mistura modificada e o fluxo observado situou-se entre 2 e 4 mm. Os valores de resistência à tração indireta (ITS) para amostras não condicionadas em OBC aumentaram 29% para a mistura de BC com 6% de resíduos plásticos, em comparação com o valor ITS da mistura de BC pura. Do mesmo modo, para as amostras condicionadas, os valores ITS aumentaram 38% para a mistura com 6% de resíduos de plástico. A suscetibilidade à humidade das misturas foi verificada através da realização do teste de ebulição. O rácio de resistência à tração foi superior a 80% e a estabilidade retida foi muito superior aos 75% exigidos. O ensaio de ebulição demonstrou que não houve desprendimento de betume na mistura BC com 10% ou mais de resíduos de plástico.

A adição de PE ao cimento asfáltico reduz significativamente a penetração (em 37%) e a ductilidade (em 38%), ao passo que se regista um aumento significativo dos valores do ponto de amolecimento (em 41%) e da gravidade específica (em 0,17%) com a adição do modificador, e, correspondentemente, os valores aumentam com o aumento do teor de PE. Os resultados dos ensaios também revelaram que existe apenas uma diminuição marginal dos valores do ponto de inflamação com o aumento do teor de PE no ligante. Os resultados dos ensaios também indicaram que a perda nos valores de aquecimento foi de 0,90% e 0,08% para ligantes puros e modificados com 5% de PE, respetivamente. A partir dos resultados dos ensaios, observou-se que a perda por aquecimento diminuiu com a adição de PE ao ligante. A suscetibilidade à temperatura do ligante modificado com PE é significativamente menor do que a do asfalto puro. Além disso, observa-se que a viscosidade a uma dada temperatura aumenta com a adição de PE ao ligante, V. S. Punith e A. Veeraragavan (2011). O betão asfáltico modificado com PE apresentou uma menor deformação plástica e uma maior resistência ao cisalhamento quando comparado com as misturas de asfaltos convencionais. É referido que o teor de PE de 5% em peso de betume puro para uma determinada classificação de agregados melhora o desempenho das misturas de betão de cimento asfáltico. A inclusão de PE em misturas de asfalto aumenta o ponto de inflexão de remoção. Os resultados dos ensaios de imersão estática e de ebulição indicaram que o PEMB melhora a resistência à suscetibilidade à humidade das misturas asfálticas, V. S. Punith e A. Veeraragavan (2004).

2.2 Estudos sobre a utilização de cargas não convencionais em misturas de betão betuminoso

Dipu Sutradhar et al. (2015) utilizaram uma mistura de areia fina e pó de pedra, resíduos de pó de betão e pó de tijolo e verificaram que a estabilidade Marshall da mistura era de 9,8 KN, 11,1 KN e 11,3 KN, respetivamente, o que satisfaz o valor-limite de 5,33 KN de acordo com os critérios de conceção Marshall. O estudo indicou a possibilidade de utilizar resíduos de pó de betão e pó de tijolo como material de enchimento na mistura betuminosa.

Mei-zhu Chen et al. (2011) referiram que a mistura com enchimento de tijolo reciclado apresentava um módulo de tração indireto mais elevado a 40° C, o que indicava que a mistura com enchimento de tijolo reciclado apresentava uma melhor resistência ao desgaste do que a mistura de controlo. Em comparação com o material de enchimento de calcário neste estudo, a adição de material de enchimento de tijolo reciclado pode melhorar a sensibilidade à água e a vida à fadiga das misturas de asfalto. A adição de material de enchimento de tijolo reciclado também pode diminuir significativamente a deformação permanente a 60° C. Também referiu que a utilização de agregado fino reciclado também pode melhorar a sensibilidade à água, as propriedades a altas temperaturas e a vida à fadiga, mas pode diminuir o desempenho a baixas temperaturas.

Weiguo Shena et al. (2009) prepararam um novo tipo de material solidificado com escória de aço, cinzas volantes e fosfogesso como material de base para estradas. A fórmula de mistura deste material foi optimizada, o material solidificado com a fórmula de mistura ideal (cinzas volantes/escória de aço = 1:1, dosagem de fosfogesso = 2,5%) resulta numa resistência mais elevada. A resistência a 28 e 360 dias deste material foi de 8 MPa e 12 MPa, respetivamente, a sua resiliência e resistência à fendilhação foram de 1987 MPa e 0,82 MPa, tem uma resistência inicial mais elevada do que o material de base rodoviária de cinzas volantes e solo calcário, a sua resistência a longo prazo é muito superior à dos materiais granulares estabilizados com cimento, o material solidificado tem a melhor estabilidade à água entre esses materiais de base rodoviária.

Yongjie Xuea et al. (2006) utilizaram escória de forno de aciaria de oxigénio básico (escória BOF) e referiram que esta pode ser utilizada como agregado de mistura asfáltica na construção de vias rápidas.

Shaopeng Wu et al. (2007) referiu que a resistência à fissuração a baixa temperatura do asfalto mastique de pedra é melhorada pela utilização de escórias de aço. Também referiu que as estradas de ensaio apresentaram excelentes desempenhos após 2 anos de serviço com um coeficiente de abrasão e fricção de 55BPN e uma profundidade de textura superficial de 0,8 mm.

Yongjie Xue et al. (2009) utilizaram cinzas de incineração de resíduos sólidos urbanos em misturas asfálticas de mástique de pedra. Relataram que as misturas SUPERPAVE apresentaram um desempenho superior às misturas Marshall em quase todos os desempenhos do pavimento, tais como estabilidade dinâmica, sensibilidade à água e vida à fadiga. Os resultados dos ensaios mostraram que cerca de 816% de substituição das cinzas de incineração de resíduos sólidos urbanos por agregados e material de enchimento satisfazem os requisitos das misturas SMA através do procedimento de conceção de misturas Marshall e SUPERPAVE.

Janaina Setin Motter et al. (2015), substituíram o agregado graúdo de pedra britada (CSCA) RCA com resistência à compressão de 30 MPa nas seguintes porcentagens: 0, 25, 50, 75 e 100%, e misturados com cimento asfáltico (CA) 50-70. Foram analisadas as propriedades volumétricas e mecânicas resultantes do método de dimensionamento de misturas Marshall, bem como a deformação permanente e a durabilidade através do ensaio de dano induzido por humidade (Lottman). Os resultados indicam que, embora o RCA apresente maior absorção, maior abrasão Los Angeles e menor densidade que os agregados de pedra britada, as misturas apresentaram resultados satisfatórios para utilização como camada superficial de betão betuminoso em estradas de baixo volume. Os ensaios de tração apresentaram deformações permanentes que variaram entre 4,4 e 9,3%.

CAPÍTULO 3

Materiais e programa experimental

3.1 Materiais

3.3.1 Betume

Para o presente estudo, foi utilizado betume de qualidade 80/100 fornecido pela refinaria de Haldia.

3.1.2 Agregados

Os agregados grossos e os agregados finos utilizados no presente estudo foram adquiridos numa britadeira de pedra próxima.

3.1.3 Enchimento

O agregado que passa através do peneiro IS de 0,075 mm é chamado de enchimento. Preenche os espaços vazios, endurece o ligante e oferece permeabilidade

Escória granulada de alto-forno moída (GGBS)

O GGBS (Figura 3.1) é um subproduto obtido no fabrico de ferro fundido em alto-forno e é formado pela combinação de minério de ferro com fundente calcário. Se a escória derretida for arrefecida e solidificada por um rápido arrefecimento em água até atingir um estado vítreo, obtém-se escória granulada de alto-forno constituída por fragmentos de areia, geralmente com algum material friável semelhante a clínquer. A estrutura física e a gradação da escória granulada dependem da presença de produtos químicos como a cal, a alumina, a sílica e a magnésia, cujas percentagens podem variar em função da natureza do minério de ferro, da composição do fundente calcário e do tipo de ferro que está a ser produzido. No presente estudo, as escórias granuladas de alto-forno são utilizadas como agregados finos, substituindo alguma gradação de agregados naturais.

Figura 3.1 *GGBS como material de enchimento*

3.1.4 Modificador

Neste estudo, são utilizados resíduos de polietileno de baixa densidade. Os resíduos de plástico produzidos a partir de resíduos domésticos foram recolhidos, como se mostra na Figura 3.2, e triturados numa gama de tamanhos de 3 mm a 5 mm, como se mostra na Figura 3.3.

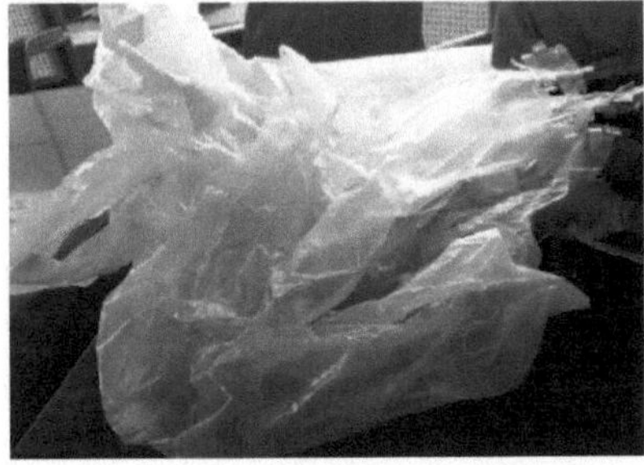 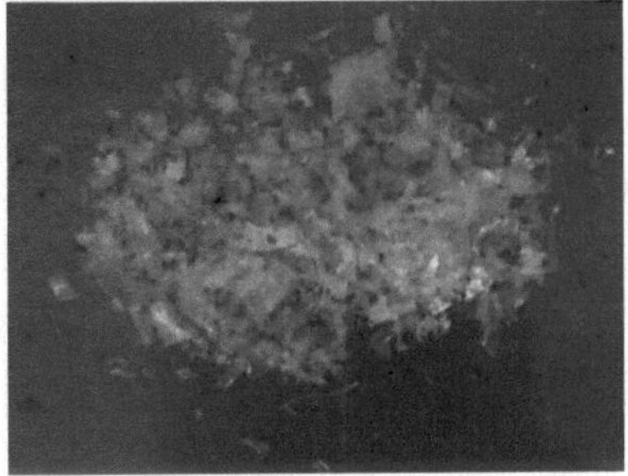

Figure 3.2 *Domestic waste polyethylene carry bags* **Figure 3.3** *Shredded waste polyethylene*

3.2 Preparação de misturas modificadas

Para a mistura do betume de grau 80/100 com os modificadores, foi utilizado um misturador mecanizado (misturador de betume). O misturador funciona com uma argamassa de 1HP @1440 rpm (ilustrado na Figura 3.4).

Figura 3.4. *Misturador de betume de laboratório*

Utiliza-se um recipiente de 2 litros de capacidade e um forno para misturar o betume e os modificadores. Várias percentagens de resíduos de polietileno são cortadas em pequenos pedaços e adicionadas ao betume aquecido a uma temperatura de 160° C. Em

13

seguida, o conteúdo é misturado durante alguns minutos até os pedaços de polietileno se misturarem completamente com o betume.

3.3 Ensaios de ligantes betuminosos

Foram efectuados os seguintes ensaios convencionais com os ligantes modificados e não modificados.

3.3.1 Teste de penetração

A penetração do betume é definida como a distância, em décimos de milímetro, que uma agulha normalizada penetra no betume sob uma carga de 100 gm. aplicada durante 5 segundos a 25° C. Quanto mais macio for o betume, maior será a penetração. O ensaio de penetração é o ensaio mais comummente adotado no betume para classificar o material em termos da sua dureza. Dependendo das condições climatéricas, são utilizados betumes com diferentes graus de penetração. Nas regiões mais quentes, dá-se preferência a betumes de menor penetração e, nas regiões frias, utiliza-se betume com valores de penetração mais elevados.

Neste ensaio, o betume é amolecido até atingir uma consistência de vazamento entre 80° C e 110° C. O material de amostra é cuidadosamente agitado para o tornar homogéneo e isento de bolhas de ar. O material de amostra é então vertido no recipiente até uma profundidade de, pelo menos, mais 15 mm do que a penetração esperada. Os recipientes de amostra são deixados arrefecer em atmosfera durante uma hora. Em seguida, são colocados num banho de água com temperatura controlada a uma temperatura de 25° C durante uma hora. Em seguida, permite-se que uma agulha padrão penetre na superfície durante 5 segundos com a carga correta. Isto é feito por meio de um instrumento conhecido como penetrómetro. Este ensaio é normalizado pela norma IS: 1203-1978.

3.3.2 Ensaio do ponto de amolecimento

O ponto de amolecimento (SP) é a temperatura à qual a substância atinge um determinado grau de amolecimento em condições de ensaio especificadas. O ponto de amolecimento de um ligante betuminoso é a temperatura à qual um disco do ligante amolece o suficiente para permitir que uma bola de aço, inicialmente colocada na superfície, caia através do disco e a uma distância prescrita. É normalmente determinado pelo ensaio do anel e da esfera (Figura 3.5).

O ponto de amolecimento é essencialmente uma temperatura à qual os ligantes têm uma viscosidade igual. O betume com um ponto de amolecimento mais elevado pode ser preferido em locais mais quentes.

Neste ensaio, dois anéis de latão são enchidos com betume quente e deixados a arrefecer ao ar durante 30 minutos. O excesso de betume é cortado e os anéis são colocados em suportes. Durante este tempo, a temperatura da água é mantida a 5° C por minuto com uma unidade de aquecimento controlada, até que o betume amoleça e toque na placa inferior por afundamento das bolas. Este ensaio é controlado de acordo com a norma IS: 1205-1978.

Figura 3.5 *Ensaio do ponto de amolecimento utilizando o aparelho Ring and Ball.*

3.3.3Índice de Penetração

Olugbenga A et al. (2012), o índice de penetração (IP) representa uma medida quantitativa da resposta do betume à variação da temperatura. Conhecendo o índice de penetração de um determinado betume, é possível prever o seu comportamento numa aplicação. Assim, os ligantes asfálticos com índices de penetração elevados (designados por "moles") são utilizados em climas frios, enquanto os ligantes asfálticos com índices de penetração baixos (designados por "duros") são utilizados em climas quentes. Todos os betumes apresentam propriedades termoplásticas, ou seja, tornam-se mais macios quando aquecidos e endurecem quando arrefecidos. Existem várias equações que definem a forma como a viscosidade (ou consistência) muda com a temperatura. Uma das mais conhecidas é a desenvolvida por Pfeiffer e Van Doormaal, que diz o seguinte Se o logaritmo da penetração, *P,* for traçado contra a temperatura, *T,* obtém-se uma linha reta tal que

$$LogP = AT + K \qquad\qquad (3.1)$$

Onde

A = a suscetibilidade à temperatura

P = Penetração à temperatura T

K = Constante de temperatura

O valor de A varia de 0,0015 a 0,06, mostrando que pode haver uma diferença considerável na resposta à temperatura. Pfeiffer e Van Doormaal desenvolveram uma equação para a resposta à temperatura que assume um valor de cerca de zero para o betume rodoviário. Por esta razão, definiram o índice de penetração (PI) como

$$PI = \frac{20(1-25A)}{(1+50A)} \qquad (3.2)$$

$$A = \frac{\log(\text{pen at T1}) - \log(\text{pen at T2})}{T1 - T2} \qquad (3.3)$$

A investigação demonstrou que, para os betumes convencionais para pavimentação, a temperatura do ponto de amolecimento do anel e da esfera é a mesma que daria uma penetração de 800 d-mm. Isto, juntamente com a penetração a 25 °C, pode ser utilizado para calcular A, em que

$$A = \frac{\log(\text{pen at T1}) - \log 800}{T1 - \text{softening point}} \qquad (3.4)$$

Tabela 3.1. *Tipo de betume versus Índice de Penetração.*

Tipo de betume	PI
Betume soprado	>2
Pavimentação convencional Betume	-2 a +2
Betume suscetível a temperaturas elevadas (alcatrão)	<-2

3.3.4 Ensaio de ductilidade

A ductilidade é a propriedade do betume que lhe permite sofrer uma grande deformação ou alongamento. A ductilidade é definida como a distância, em cm, até à qual uma amostra padrão ou um briquete do material pode ser alongado sem se partir. A dimensão do briquete assim formado é exatamente de 1 cm quadrado. A amostra de betume é aquecida e vertida no conjunto de moldes colocado numa placa. Estas amostras com moldes são arrefecidas ao ar e depois em banho-maria a uma temperatura de 27° C. O excesso de betume é cortado e a superfície é nivelada com uma faca quente. Em seguida, o molde com o conjunto contendo a amostra é mantido no banho de água da máquina de ductilidade durante cerca de 90 minutos. Os lados dos moldes são removidos, os grampos são engatados na máquina e esta é acionada. A distância até ao ponto de rutura do fio é o valor de ductilidade, que é indicado em cm. O valor da ductilidade é afetado por factores como a temperatura de vazamento, a temperatura de ensaio, a velocidade de tração, etc. O BIS especificou um valor mínimo de ductilidade de 75 cm.

3.3.5 Teste de gravidade específica

Nos trabalhos de pavimentação, para classificar um ligante, a propriedade de densidade é de grande utilidade. Na maioria dos casos, o betume é pesado, mas quando utilizado com agregados, o betume é convertido em volume utilizando valores de densidade. A densidade do betume é muito influenciada pela sua composição química. O aumento das impurezas minerais de tipo aromático provoca um aumento da densidade. A gravidade específica do betume é definida como a relação entre a massa de um determinado volume de betume de teor conhecido e a massa de igual volume de água a 27° C. A gravidade específica pode ser medida utilizando o picnómetro ou preparando uma amostra em cubo de betume no estado semi-sólido ou sólido. A gravidade específica do betume varia de 0,97 a 1,02.

3.3.6 Ensaio de ponto de inflamação e de fogo

A altas temperaturas, dependendo do tipo de betume, os materiais libertam voláteis. E estes voláteis incendeiam-se, o que é muito perigoso, pelo que é essencial qualificar esta temperatura para cada tipo de betume. O BIS definiu o ponto de inflamação como a temperatura à qual o vapor de betume se inflama momentaneamente.

3.3.7 Ensaio de recuperação elástica

A recuperação elástica (Figura 3.6) é uma medida das propriedades de tração do resíduo de cimento asfáltico modificado com polímero de um asfalto emulsionado modificado com polímero. De acordo com a IS 15462: 2004, a recuperação elástica é medida pela percentagem a que o resíduo de cimento asfáltico recupera o seu comprimento original depois de ter sido alongado até uma distância específica (10cm) a uma velocidade especificada (50mm/min) a uma temperatura de 15°C e depois cortado ao meio. A distância à qual o espécime se contrai durante um tempo especificado (1 hora) é medida e a recuperação elástica é calculada como

$$\text{Elastic Recovery (\%)} = \frac{10-X}{10} \times 100 \tag{3.5}$$

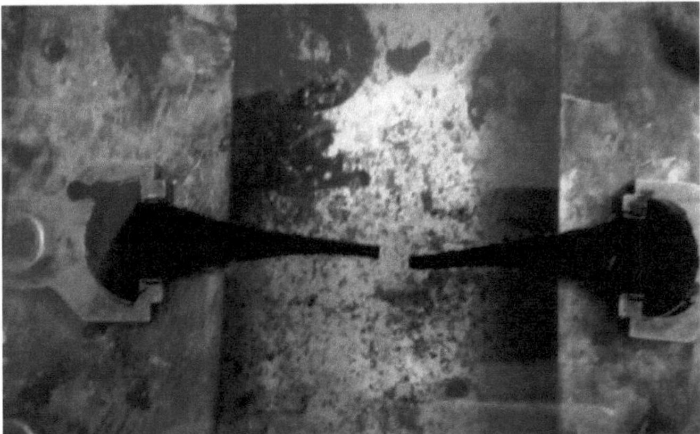

Figura 3.6 *Ensaio de recuperação elástica em curso*

17

3.3.8 Ensaio em forno de película fina

O ensaio de forno de película fina (TFO) é utilizado para estimular o endurecimento que o betume sofre durante a mistura. O ensaio consiste em colocar amostras de cerca de 50 cc em dois recipientes de alumínio, cada um com 140 mm de diâmetro interno e 9 mm de profundidade, com fundo plano, numa prateleira rotativa, e rodar no forno a 163° C durante 5 horas. Foram determinadas as propriedades físicas dos ligantes modificados com diferentes percentagens de resíduos de polietileno após o envelhecimento. A perda por aquecimento é efectuada com o mesmo equipamento. A amostra é novamente pesada após o período de aquecimento e a perda de peso é expressa como percentagem em peso da amostra original. O betume utilizado nas misturas para pavimentos não deve apresentar uma perda de peso superior a 1%. Os efeitos do calor e do ar são determinados a partir das alterações registadas nas propriedades físicas medidas antes e depois.

Asim Hassan Ali et al. (2013), a medição do índice de envelhecimento é um dos procedimentos mais populares utilizados para determinar a suscetibilidade ao envelhecimento e fornece a classificação de diferentes ligantes betuminosos. O índice de envelhecimento é definido como o rácio entre uma determinada propriedade do ligante após o envelhecimento e essa propriedade antes do envelhecimento, como se mostra abaixo.

$$\text{Ageing Index (AI)} = \frac{\text{Bitumen property after aging}}{\text{Bitumen Property before aging}} \qquad (3.6)$$

$$\text{Penetration Ageing Ratio (PAR)} = \frac{\text{Penetration value after ageing}}{\text{Penetration value before ageing}} \qquad (3.7)$$

$$\text{Softening Point (SP) increment } (\Delta S) = SP_{\text{after ageing}} - SP_{\text{before ageing}} \qquad (3.8)$$

3.4 Ensaios em agregados

3.4.1 Ensaio de abrasão

Os agregados utilizados na camada superficial dos pavimentos rodoviários estão sujeitos a desgaste devido ao movimento do tráfego. Por conseguinte, os agregados rodoviários devem ser suficientemente duros para resistir à abrasão. A resistência à abrasão do agregado é determinada em laboratório pela máquina de ensaio Los Angeles. O princípio do ensaio de abrasão Los Angeles consiste em produzir uma ação abrasiva através da utilização de esferas de aço normalizadas que, quando misturadas com agregados e rodadas num tambor durante um número específico de rotações, também causam impacto nos agregados. A percentagem de desgaste dos agregados devido à fricção com as esferas de aço é determinada e é conhecida como valor de abrasão Los Angeles. O MoRTH especifica um valor máximo de 40%

3.4.2 Ensaio de impacto

A propriedade de um material de resistir ao impacto é conhecida como tenacidade. Devido ao movimento dos veículos na estrada, os agregados são sujeitos a impactos que resultam na sua fragmentação em pedaços mais pequenos. Por conseguinte, os agregados devem ter uma tenacidade suficiente para resistir à sua desintegração devido ao impacto. Esta caraterística é medida através do ensaio de valor de impacto. O valor de impacto do agregado é uma medida da resistência ao impacto ou choque súbito, que pode diferir da sua resistência à carga de compressão aplicada gradualmente. O MoRTH especifica um valor máximo de 30%.

3.4.3 Teste de forma

A forma das partículas dos agregados é determinada pelas percentagens de partículas escamosas e alongadas que contêm. Para a camada de base e para a construção de betão betuminoso e de cimento, a presença de partículas escamosas e alongadas é considerada indesejável, uma vez que estas causam fraqueza inerente com possibilidades de rutura sob cargas pesadas. Assim, é necessário avaliar a forma das partículas, particularmente no que respeita à escamação e ao alongamento.

O índice de escamação dos agregados é a percentagem em peso de partículas cuja menor dimensão (espessura) é inferior a três quintos (0,6 vezes) da sua dimensão média. Este ensaio não é aplicável a dimensões inferiores a 6,3 mm. O MoRTH especifica uma percentagem máxima de 15%

O índice de alongamento de um agregado é a percentagem em peso de partículas cuja maior dimensão (comprimento) é superior a nove quintos (1,8 vezes) da sua dimensão média. Este ensaio não é aplicável a dimensões inferiores a 6,3 mm. O MoRTH especifica uma percentagem máxima de 15.

3.4.4 Ensaio de gravidade específica e de absorção de água

A gravidade específica de um agregado é considerada uma medida da resistência ou da qualidade do material. As pedras com baixa gravidade específica são geralmente mais fracas do que as que têm valores de gravidade específica mais elevados. A absorção de água também dá uma ideia sobre a resistência do agregado. Quanto maior for a absorção de água, menor será o agregado adequado para utilização. O MoRTH especifica um máximo de 2% de absorção de água. A gravidade específica de 2,5 e acima é aceitável para a construção.

3.5 Conceção de misturas de betão betuminoso e preparação de misturas

3.5.1 Classificação do agregado

A especificação do Ministério dos Transportes Rodoviários e das Auto-estradas (MoRTH, 2001) para betão betuminoso com 50 mm de espessura é apresentada no

Quadro 4. Para a preparação de misturas betuminosas, o agregado foi aquecido a 160 °C numa panela e a quantidade necessária de betume a 170° C foi então adicionada ao agregado aquecido. Os agregados foram misturados cuidadosamente com o betume até que todos os agregados estivessem uniformemente revestidos com betume. As amostras foram preparadas utilizando o método Marshall (ASTM D1559) através da aplicação de 75 golpes em ambas as faces. Os moldes Marshall preparados estavam prontos para serem ensaiados pelo menos 12 horas após a preparação dos moldes. A classificação das misturas BC projectadas é apresentada no Quadro 3.2.

Quadro 3.2 *Classificação da mistura de betão betuminoso projectada*

Tamanho do peneiro (mm)	Percentagem acumulada de aprovação	Classificação especificada
19.0	100	100
13.2	85	79-100
9.5	72	70-80
4.75	63	53-71
2.36	56	42-58
1.18	46	34-48
0.6	36	26-38
0.3	26	18-28
0.15	16	12-20
0.075	6	4-10

3.5.2 Preparação de amostras Marshall

(i) O agregado grosseiro, o agregado fino e o material de enchimento utilizados na preparação das amostras foram previamente aquecidos num forno a 110°C durante algumas horas, de modo a garantir que não tinham humidade.

(ii) De acordo com a classificação do betão betuminoso, 1200 g de mistura de agregado grosso, agregado fino e material de enchimento foram colocados numa panela e colocados num fogão e aquecidos a uma temperatura entre 153°C e 163°C, como mostra a Figura 3.7.

(iii) A quantidade desejada de ligante aquecido a uma temperatura de 170 °C a 180 °C foi vertida sobre o agregado e misturada até que todos os agregados estivessem uniformemente revestidos com ligante, mantendo também a temperatura da mistura a cerca de 160 °C, como se mostra nas Figuras 3.8 e 3.9.

(iv) A mistura foi transferida para um molde de fundição com 63 mm de altura e 100 mm de diâmetro, como indicado na Figura 3.10, e compactada com 75 golpes em cada face das amostras, como indicado na Figura 3.11. As amostras preparadas, ilustradas na Figura 3.12, foram mantidas à temperatura normal do laboratório durante 12 horas antes do ensaio.

Figura 3.7 *Aquecimento de agregados*

Figura 3.8 *Aquecimento do betume*

Figura 3.9 *Agregados uniformemente revestidos com betume.*

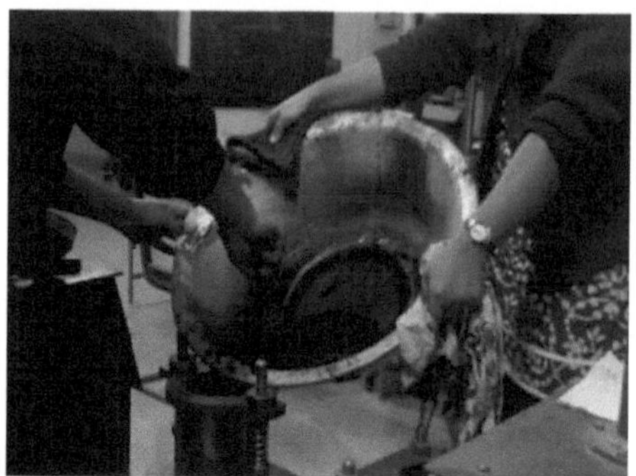

Figura 3.10 *Agregados a serem colocados no molde*

Figure 3.11 *Compaction of aggregates*

Figure 3.12 *Compacted Marshall Samples*

3.5.3 Parâmetros utilizados

Gravidade específica teórica da mistura G_t

A gravidade específica teórica G_t é a gravidade específica sem considerar os vazios de ar, e é dada por:

$$G_t = \frac{W_1 + W_2 + W_3 + W_b}{\frac{W_1}{G_1} + \frac{W_2}{G_2} + \frac{W_3}{G_3} + \frac{W_b}{G_b}} \qquad (3.9)$$

Onde,

W_1 = peso do agregado grosso na mistura total,

W_2 = peso do agregado fino na mistura total,

W_3 = peso do material de enchimento na mistura total,

W_b = peso de betume na mistura total,

G_1 = gravidade específica aparente do agregado grosso,

G_2 = gravidade específica aparente do agregado fino

G_3 = gravidade específica aparente do material de enchimento

G_b = densidade aparente do betume

Gravidade específica a granel da mistura G_m

A gravidade específica aparente ou a gravidade específica real da mistura G_m é a gravidade específica tendo em conta os vazios de ar e é determinada por

$$G_m = \frac{W_m}{W_m - W_w} \tag{3.10}$$

Onde,

W_m = peso da mistura no ar

W_w = peso da mistura em água

W_m - W_w = volume da mistura

Percentagem de vazios de ar V_v

Vazios de ar V_v é a percentagem de vazios de ar por volume no provete e é dado por

$$V_v = \frac{Gt - Gm}{Gt} \times 100 \tag{3.11}$$

Onde G_t = Gravidade específica teórica da mistura, conforme indicado na equação (3.10)

G_m = Gravidade específica real ou a granel da mistura, como indicado na equação (3.11)

Percentagem de volume de betume V_b

O volume de betume V_b é a percentagem do volume de betume em relação ao volume total e é dado por

$$V_b = \frac{\frac{W_b}{G_b}}{\frac{W_1 + W_2 + W_3 + W_b}{Gm}} \tag{3.12}$$

Em que W_1 é o peso do agregado grosso na mistura total, W_2 é o peso do agregado fino na mistura total, W_3 é o peso do material de enchimento na mistura total, W_b é o peso do betume na mistura total, G_b é a gravidade específica aparente do betume, G_m é a gravidade específica aparente da mistura dada pela equação (3.11).

Vazios em agregados minerais VMA

O volume de vazios no agregado mineral, VMA, é o volume de vazios nos agregados, e é a soma dos vazios de ar e do volume de betume, e é calculado a partir de

$$VMA = Vv + Vb \tag{3.13}$$

Vv = a percentagem de vazios de ar na mistura, dada pela equação (3.12).

Vb = a percentagem de betume na mistura, dada pela equação (3.13)

Vazios preenchidos com betume VFB

Os vazios preenchidos com betume VFB são os vazios na estrutura de agregados minerais preenchidos com betume, e são calculados como

$$VFB = \frac{Vb}{VMA} \times 100 \qquad (3.14)$$

V_b = a percentagem de betume na mistura, dada pela equação (3.13)

VMA = a percentagem de vazios no agregado mineral, dada pela equação (3.14).

3.6 Ensaios de misturas de betão betuminoso (BC)

3.6.1 Teste Marshall

Neste método, mede-se a resistência à deformação plástica de um provete cilíndrico compactado de mistura betuminosa. As amostras Marshall são imersas num banho de água mantido a uma temperatura constante de 60° C durante 30 minutos. Depois disso, as amostras são retiradas para serem ensaiadas numa máquina de ensaios Marshall (Figuras 3.13 e 3.14). A carga é aplicada diametralmente ao longo do eixo a uma taxa de deformação de 50,8 mm/min.

A estabilidade Marshall da mistura é definida como a carga máxima suportada pelo provete a uma temperatura de ensaio normalizada de 60°C. O valor do fluxo é a deformação que o provete sofre durante o carregamento até à carga máxima.

O quociente Marshall (MQ) é a propriedade utilizada para caraterizar as misturas betuminosas, que é uma relação entre a estabilidade Marshall e a fluidez. Trata-se de um valor empírico de rigidez utilizado por alguns engenheiros, para avaliar a qualidade das misturas betuminosas. Um valor mais elevado do Quociente Marshall indica uma mistura mais rígida e, por conseguinte, indica que a mistura é suscetível de oferecer mais resistência à deformação permanente

$$MQ = \frac{Marshall\ Stability}{Flow\ Value} \qquad (3.15)$$

Figure 3.13 *Marshall Stability Test*   **Figure 3.14** *Tested Marshall Sample*

Preparação de gráficos

1. Teor de ligante versus estabilidade Marshall corrigida

2. Teor de ligante versus caudal Marshall

3. Teor de ligante versus peso unitário ou gravidade específica a granel $(G)_m$

4. Teor de ligante versus percentagem de vazios (V_v) na mistura total

5. Teor de ligante versus percentagem de vazios em agregados minerais (VMA)

6. Teor de ligante versus vazios preenchidos com betume (VFB)

Determinação do teor ótimo de ligante (OBC)

Determinar o teor ótimo de ligante para a conceção da mistura, tomando o valor médio dos três teores de betume seguintes, obtidos a partir dos gráficos obtidos na etapa anterior.

1. Teor de ligante correspondente à estabilidade máxima

2. Teor de ligante correspondente ao peso unitário máximo $(G)_m$

3. Teor de ligante correspondente à mediana dos limites projectados da percentagem de vazios de ar (V_v) na mistura total (ou seja, 4%)

3.6.2 Ensaio de estabilidade Marshall retido (RMS)

A estabilidade retida é a medida da estriagem induzida pela humidade na mistura e a subsequente perda de estabilidade devido ao enfraquecimento da ligação entre os agregados e o ligante. As amostras Marshall foram preparadas e mantidas num banho de água durante 24 horas a 60°C (Figura 3.15). Depois disso, as amostras foram testadas numa máquina de estabilidade Marshall e os valores foram anotados. Isto deu o valor da Estabilidade Marshall retida. Em seguida, foi calculada a percentagem de estabilidade retida. O MoRTH especifica um mínimo de 75% de estabilidade retida para o betão betuminoso.

$$RMS = \frac{S_2}{S_1} \times 100 \qquad\qquad (3.16)$$

S_2 = Estabilidade de imersão (após imersão de 24 horas a 60° C), S_1 = Estabilidade padrão

Figura 3.15 *Amostras Marshall embebidas antes do ensaio RMS*

3.6.3 Ensaio de resistência à tração indireta (ITS)

O ensaio de resistência à tração indireta (Figura 3.16) é utilizado para determinar as propriedades de tração da mistura betuminosa, que podem ainda ser relacionadas com as propriedades de fendilhação do pavimento. Uma maior resistência à tração corresponde a uma maior resistência à fendilhação. Ao mesmo tempo, as misturas que são capazes de tolerar uma tensão mais elevada antes da rotura têm mais probabilidades de resistir à fendilhação do que as que não são capazes de tolerar tensões elevadas. As caraterísticas de tração das misturas betuminosas são avaliadas carregando o provete Marshall ao longo de um plano diametral com uma carga de compressão a uma taxa constante, actuando paralelamente e ao longo do plano diametral vertical do provete através de duas faixas de carga opostas. Esta configuração de carga desenvolve uma tensão de tração relativamente uniforme perpendicular à direção da carga aplicada e ao longo do plano diametral vertical, fazendo com que o espécime ensaiado falhe por fendilhação ao longo do diâmetro vertical. Uma carga de tira de 13 mm (1/2") de largura é utilizada para um provete de 101 mm de diâmetro para fornecer uma carga uniforme que produz uma distribuição de tensão quase uniforme. A resistência à tração indireta de um provete é determinada utilizando o procedimento descrito na norma ASTM D 6931. É adoptada uma taxa de carga de 51 mm/minuto. A carga de compressão cria indiretamente uma carga de tração na direção horizontal da amostra. A carga de pico é registada e dividida por factores geométricos adequados para obter a resistência à tração por arrancamento utilizando a seguinte equação

$$S_t = \frac{2000\,P}{\pi Dt} \qquad\qquad (3.17)$$

S_t = resistência à tração indireta (kPa), P = carga máxima (N), t = altura do provete imediatamente antes do ensaio (mm), D = diâmetro do provete (mm)

Figura 3.16 *Ensaio de resistência à tração indireta*

3.6.4 Rácio de resistência à tração indireta (ITSR)

Os danos causados pela humidade nas misturas betuminosas referem-se à perda de capacidade de utilização devido à presença de humidade. A extensão dos danos causados pela humidade é designada por suscetibilidade à humidade. O ensaio ITS é um ensaio de desempenho que é frequentemente utilizado para avaliar a suscetibilidade à humidade de uma mistura betuminosa. O rácio de resistência à tração (TSR) é uma medida da sensibilidade à água. É a razão entre a resistência à tração de uma amostra condicionada à água (ITS húmido, 60°C e 24 h) e a resistência à tração de uma amostra não condicionada (ITS seco), expressa em percentagem. Um valor mais elevado de TSR indica tipicamente que a mistura terá um bom desempenho com uma boa resistência aos danos causados pela humidade. Quanto mais elevado for o valor TSR, menor será a redução da resistência devido à condição de imersão em água, ou mais resistente à água será a mistura. O MoRTH especifica uma percentagem mínima de 80.

$$ITSR = \frac{ITS \text{ of conditioned specimen set}}{ITS \text{ of unconditioned specimen set}} \times 100 \tag{3.18}$$

CAPÍTULO 4

4. Resultados e discussão

4.1 Introdução

Este capítulo está dividido em três partes. Na primeira parte, são discutidas as propriedades de engenharia do betume puro e do betume modificado com várias percentagens de resíduos de PE em peso de betume. O índice de penetração e a sensibilidade à temperatura do betume puro e do betume modificado são calculados utilizando os valores dos pontos de penetração e de amolecimento. O envelhecimento a curto prazo e a perda por aquecimento são determinados, sendo posteriormente utilizados para determinar o índice de envelhecimento.

A segunda parte trata das propriedades Marshall das misturas de betão betuminoso utilizando betume puro e betume modificado como material ligante. Neste caso, o pó de pedra e a escória granulada de alto-forno moída GGBS seriam utilizados como material de enchimento. Os resultados das propriedades Marshall são analisados e comunicados.

A terceira parte deste capítulo apresenta a Estabilidade Marshall Retida (RMS), a Resistência à Tração Indireta (ITS) e o Rácio de Resistência à Tração Indireta (ITSR) de misturas de betão betuminoso utilizando pó de pedra e GGBS como material de enchimento. A partir destes valores, podem ser analisadas as caraterísticas de suscetibilidade à humidade.

4.2 Propriedades do ligante e dos agregados

4.2.1 Propriedades físicas do betume

De acordo com as normas indianas, as várias propriedades do betume puro são determinadas e tabuladas. A partir do Quadro 4.1, pode concluir-se que as propriedades satisfazem os critérios da norma IS 73: 2013

4.2.2 Propriedades físicas dos agregados

De acordo com as normas indianas e as especificações do MoRTH, foram efectuados ensaios básicos aos agregados para verificar se podem ser utilizados no trabalho experimental. A partir da Tabela 4.2, verifica-se que o valor de abrasão dos agregados é bastante elevado, embora esteja dentro dos limites especificados. No entanto, o MoRTH especifica a utilização de agregados que satisfaçam quer o valor de abrasão quer o valor de impacto. Verifica-se também que os agregados têm uma absorção de água um pouco elevada. A gravidade específica encontra-se num nível inferior. No entanto, como satisfazem as especificações do MoRTH, estes agregados podem ser utilizados em trabalhos futuros.

A gravidade específica do pó de pedra e do enchimento GGBS foi de 2,54 e 2,61.

Tabela 4.1. *Propriedades físicas do betume*

Propriedades	Método de ensaio	Valor	Especificação IS 73 : 2013
Penetração, (25°C,100g,5s,0.1mm),	IS 1203-1978	87	Mínimo 80
Ponto de amolecimento (anel e esfera), °C	IS 1205-1978	47	Mínimo 40
Ductilidade a 27°C (50 mm/min) cm	IS 1208-1978	>100	75 cm
Ponto de inflamação (°C)	IS 1448 [P : 69]	310	Mínimo 220
Ponto de inflamação (°C)	IS 1448 [P : 69]	315	
Gravidade específica	IS 12011220(1978)	0.99	0.97-1.02
Solubilidade (%)	IS 1216	99.5	Mínimo 99

Tabela 4.2. *Propriedades físicas dos agregados*

Propriedades	Método de ensaio	Valores	Especificação MoRTH
Valor de abrasão (%)	IS : 2386 (PARTE IV)	38	Máximo 40
Valor agregado do impacto (%)	IS : 2386 (PARTE IV)	18.5	Máximo 30
Gravidade específica	IS 2386 (Parte II)	2.56	2.5 - 3.0
Absorção de água (%)	IS 2386 (Parte III)	1.6	Máximo 2
Índice de escamação (%)	IS 2386 (Parte I)	10.62	Máximo 15
Índice de alongamento (%)	IS 2386 (Parte I)	13	Máximo 15

4.2.3 Propriedades físicas do betume modificado com várias percentagens de resíduos de PE

O betume de qualidade 80/100 para pavimentação foi modificado com resíduos de PE em diferentes percentagens em peso (1% a 7%). As propriedades físicas são apresentadas na Tabela 4.3.

Tabela 4.3. *Propriedades físicas do betume modificado com várias percentagens de resíduos de PE*

Propriedades	Betume + 1% PE	Betume + 3% PE	Betume + 5% PE	Betume + 7% PE	Especificação IS 15462: 2004

Penetração, (25°C, 100 g, 5s, 0,1mm),	42	35	26	17	30-50 (PMB40)
Ponto de amolecimento (anel e esfera), °C	61.5	65	69	74.5	Mínimo 60
Ductilidade a 27°C (50 mm/min) cm	54	36	13	8	-
Recuperação elástica (%), 15 C^0	46.5	52.08	54.2	51.5	Mínimo 30
Gravidade específica	0.97	0.96	0.958	0.953	-

Pode ser visto a partir dos resultados que o valor de penetração diminui com o aumento da percentagem de modificadores (Figura 4.1). Mas o ponto de amolecimento aumenta com o aumento da percentagem de modificador (Figura 4.2). É indicado que os ligantes modificados com PE apresentaram menor penetração e maior valor de amolecimento em comparação com o betume não modificado. Assim, a dureza e a resistência ao escoamento e à deformação dos ligantes betuminosos aumentam quando se adicionam resíduos de polietileno. Verifica-se uma melhoria na recuperação elástica, calculada através da equação (3.5), do ligante modificado à medida que a percentagem de modificador aumenta até 5% de PE em peso de betume (Figura 4.3). Observa-se que o valor da ductilidade diminui com o aumento da percentagem de modificadores. A gravidade específica do ligante diminui com o aumento do teor de PE no betume. A razão para este facto pode dever-se ao peso leve do polietileno.

A percentagem óptima de PE foi decidida com base na IS 15462: 2004. Esta especifica diferentes graus de ligante modificado com base em testes empíricos. Os graus PMB correspondem a valores de penetração. A partir dos resultados, observou-se que o grau PMB 40 de ligante modificado é obtido através da adição de 1-3% de PE ao betume 80/100. O valor mínimo de ductilidade é de 30 cm (à base de termoplástico plastomérico) e 50 cm (à base de termoplástico elastomérico) para o grau PMB 40 de ligantes modificados, de acordo com o IRC: SP: 53-2002. Os requisitos de penetração, amolecimento e ductilidade foram satisfeitos com 3% de PE, de acordo com o IRC: SP: 53-2002 e IS 15462-2004.

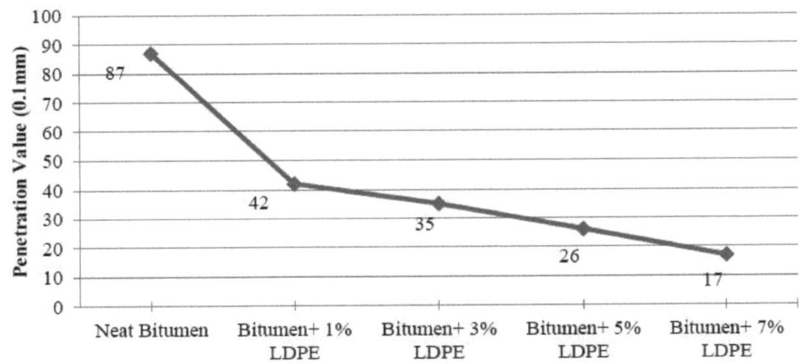

Figura 4.1 *Efeito de diferentes percentagens de polietileno no valor de penetração*

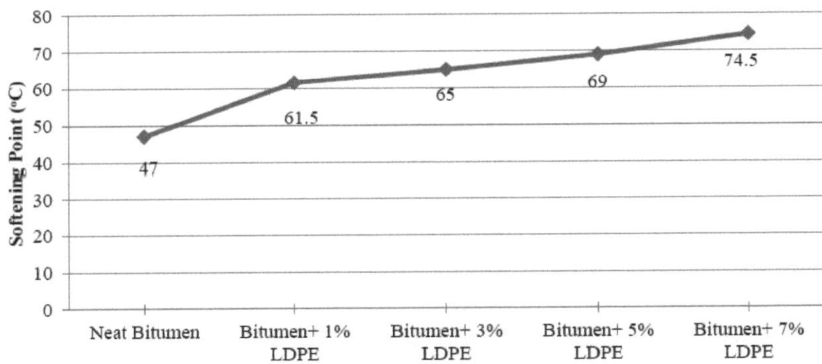

Figura 4.2 *Efeito de diferentes percentagens de polietileno no ponto de amolecimento*

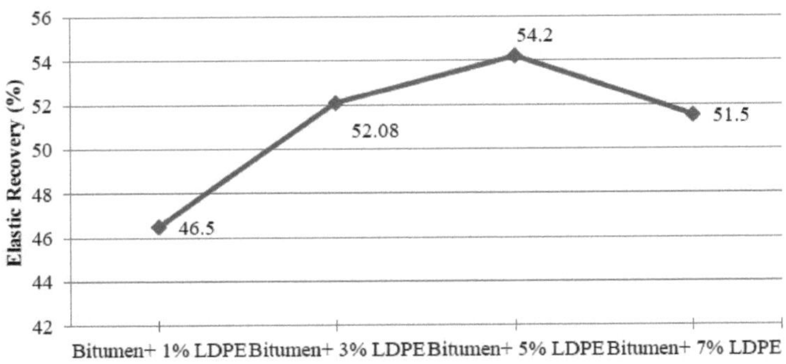

Figura 4.3. *Efeito de diferentes percentagens de polietileno na recuperação elástica*

4.2.4 Ensaio em forno de película fina

A perda de massa no caso do betume puro é superior à do betume modificado. A razão provável para este facto deve-se às pequenas partículas de PE que flutuam na superfície e que actuam como cobertura protetora, evitando a perda de massa durante o aquecimento. As propriedades básicas foram determinadas de acordo com as especificações indianas e são apresentadas na Tabela 4.4 e na Tabela 4.5. O ensaio de recuperação elástica do betume modificado foi efectuado e está dentro dos limites das especificações. O rácio de envelhecimento por penetração (índice de envelhecimento) foi calculado utilizando a equação (3.7),

$$PAR = \frac{\text{Penetration value after ageing}}{\text{Penetration value before ageing}}.$$

O aumento do rácio de envelhecimento por penetração (PAR) indica que o endurecimento do betume devido ao envelhecimento oxidativo diminui com o aumento do modificador até 5% em peso, após o que diminui. Assim, também se pode concluir que a modificação pode ser efectuada até 5% em peso de betume.

O incremento do ponto de amolecimento (ΔS) pode ser utilizado como um bom indicador para medir o grau de envelhecimento. É calculado através da equação (3.8),

$$\Delta S = SP_{\text{after ageing}} - SP_{\text{before ageing}}.$$

Embora o ponto de amolecimento aumente com o endurecimento do betume, o incremento é menor até 5% de modificação em peso, após o que o incremento aumenta. A Tabela 4.6 mostra a variação dos valores dos pontos de penetração e de amolecimento antes e depois do envelhecimento e a Tabela 4.7 mostra a variação do rácio de envelhecimento da penetração e do ponto de amolecimento com o ligante.

Tabela 4.4. *Propriedades físicas do betume puro após envelhecimento*

Propriedades	Valores	Especificação IS 73:2013
Perda de massa (%)	0.86	<1
Penetração, (25°C, 100 g, 5 s, 0,1mm)	56	-
Ponto de amolecimento, °C	50	-
Ductilidade a 27°C (50 mm/min) cm	91	Mínimo 75

Tabela 4.5. *Propriedades físicas do betume modificado após envelhecimento*

Propriedades	Betume + 1% PE	Betume + 3% PE	Betume + 5% PE	Betume + 7% PE	Especificação IS 15462 : 2004
Perda de massa (%)	0.18	0.16	0.16	0.19	<1
Ponto de amolecimento (°C)	2.5	1	0.5	1	Aumento máximo do SP 5 C^0
Penetração, dmm (%)	30.95	28.57	26.92	29.41	Redução máxima da penetração 35%

Recuperação elástica (%) 25°C	44.2	47.6	48	46.2	Mínimo 35%

Tabela 4.6. *Variação dos valores dos pontos de Penetração e Amolecimento antes e depois do envelhecimento*

Fichário	Antes do envelhecimento		Após o envelhecimento	
	Valor de penetração (0,1 mm)	Ponto de amolecimento (^{0} C)	Valor de penetração (0,1 mm)	Ponto de amolecimento (^{0} C)
Betume puro	87	47	56	50
Betume+ 1% PE	42	61.5	29	64
Betume+ 3% PE	35	65	25	66
Betume+ 5% PE	26	69	19	69.5
Betume+ 7% PE	17	74.5	12	75.5

Tabela 4.7. *Variação do rácio de envelhecimento da penetração e do ponto de amolecimento com o ligante*

Fichário	PAR (%)	ΔS
Betume puro	64.37	3
Betume+ 1% PE	69.05	2.5
Betume+ 3% PE	71.43	1
Betume+ 5% PE	73.08	0.5
Betume+ 7% PE	70.59	1

4.2.5 Análise da Suscetibilidade à Temperatura e do Índice de Penetração

A Tabela 4.8 mostra a variação da Suscetibilidade à Temperatura (A) e do Índice de Penetração (PI) antes e depois do envelhecimento. A suscetibilidade térmica do betume é superior à do betume modificado com PE, enquanto o índice de penetração aumenta à medida que o teor de modificador aumenta no betume. No entanto, após o envelhecimento, a suscetibilidade à temperatura aumenta e o Índice de Penetração diminui, Seyed Abbas Tabatabaei (2013). Estes valores são calculados utilizando as equações (3.2) e (3.4).

Tabela 4.8. *Suscetibilidade à temperatura e índice de penetração do ligante antes e depois do envelhecimento*

Fichário	Antes do envelhecimento		Após o envelhecimento	
	Ax 1000	PI	Ax1000	PI
Betume puro	43.8	-0.595	46.2	-0.936

Betume+1% PE	35.06	0.896	36.94	0.537
Betume+3% PE	33.98	1.116	36.71	0.58
Betume 5% PE	33.82	1.148	36.5	0.619
Betume+7% PE	33.79	1.154	36.12	0.692

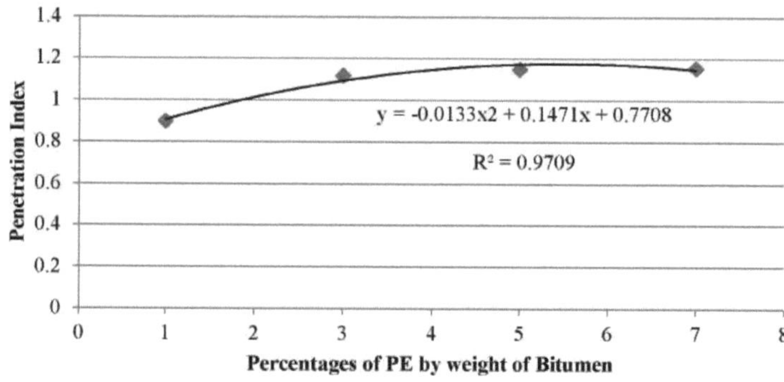

Figura 4.4 *Variação do índice de penetração com ligante contendo várias percentagens de PE antes do envelhecimento*

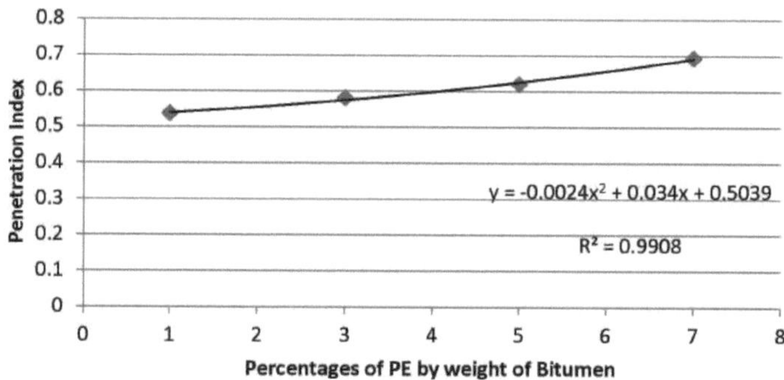

Figura 4.5 *Variação do índice de penetração com ligante contendo várias percentagens de PE após envelhecimento*

Praveen Kumar e Md. Tanveer Khan (2013), os índices de penetração estão dentro do intervalo (-2 a +2), como se pode ver nas Figuras 4.4 e 4.5. Por conseguinte, pode ser utilizado em superfícies de pavimentação. No entanto, do ponto de vista das normas indianas, serão efectuados mais trabalhos experimentais com ligantes que contenham 1% e 3% de PE em peso de betume.

4.3 Propriedade das misturas de betão betuminoso

4.3.1 Estabilidade Marshall

Para uma dada gradação de agregados, o valor da estabilidade aumenta inicialmente com o aumento do teor de ligante, uma vez que a ligação agregado-ligante se torna gradualmente mais forte. Mas com o aumento do teor de ligante, a carga aplicada é transmitida como pressão hidrostática, mantendo o atrito entre os pontos de contacto dos agregados imobilizado. Isto torna a mistura fraca contra a deformação plástica e a estabilidade diminui. A partir da Figura 4.6 e da Figura 4.7, verifica-se que à medida que o teor de PE aumenta, o valor da estabilidade também aumenta. Verifica-se que o ligante com 3 % de PE proporciona a estabilidade máxima.

Comparado com o enchimento de pó de pedra, o enchimento GGBS utilizado em misturas BC dá um valor de estabilidade um pouco elevado. A resistência ligeiramente mais elevada pode dever-se à textura da superfície do GGBS, devido à qual existe um melhor interbloqueio entre os agregados, em comparação com o pó de pedra.

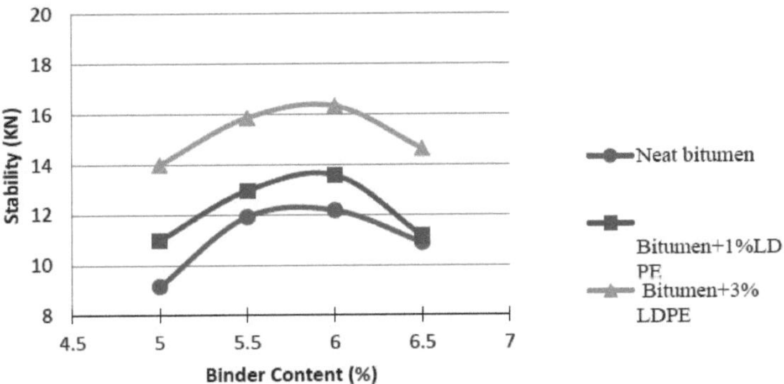

Figura 4.6 *Variações das estabilidades Marshall do BC com diferentes teores de ligante e polietileno usando enchimento de pó de pedra.*

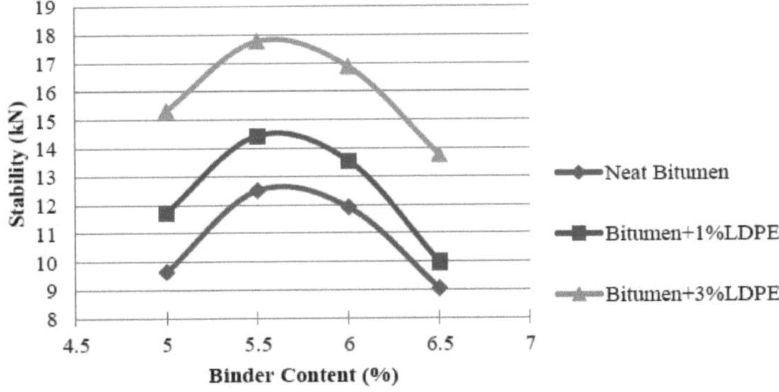

Figura 4.7 Variações das estabilidades Marshall do BC com diferentes teores de ligante e polietileno utilizando o enchimento GGBS

4.3.2 Valor do fluxo

Observa-se que os valores de fluxo das misturas aumentam com o teor de ligante, mas o aumento inicial não é muito grande. Ao mesmo tempo, observa-se também que o valor do caudal diminui com o aumento do teor de PE no ligante. Isto indica que a deformação é menor no caso dos ligantes de PE modificados em comparação com as misturas betuminosas com ligante puro.

O valor do caudal das misturas que contêm GGBS como material de enchimento é ligeiramente inferior ao das misturas que contêm pó de pedra como material de enchimento, como se pode ver na Figura 4.8 e na Figura 4.9. Assim, pode concluir-se que o GGBS pode ser utilizado como substituto do pó de pedra como material de enchimento.

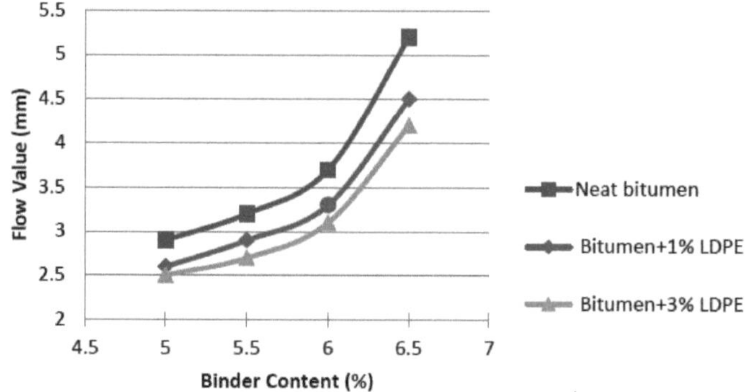

Figura 4.8. *Variações dos valores de caudal do BC com diferentes teores de ligante e polietileno utilizando enchimento de pó de pedra*

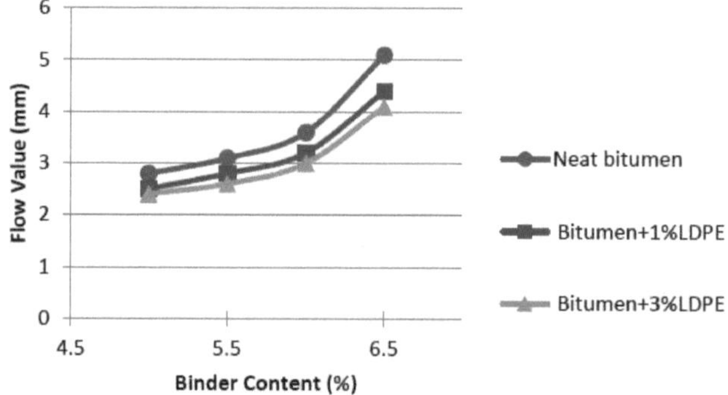

Figura 4.9. *Variações dos valores de caudal do BC com diferentes teores de ligante e polietileno utilizando o enchimento GGBS*

4.3.3 Peso unitário

Observa-se na Figura 4.10 e na Figura 4.11 que o peso unitário das misturas aumenta até um determinado valor do teor de ligante, após o que diminui. Verifica-se também que o peso unitário das misturas diminui com o aumento do teor de PE no ligante. A razão provável para este facto pode dever-se à diminuição da gravidade específica do ligante com o teor de PE, o que, em geral, diminui o peso unitário da mistura.

O peso unitário das misturas com GGBS como material de enchimento é ligeiramente superior ao das misturas com pó de pedra. Este facto deve-se à gravidade específica ligeiramente superior do GGBS.

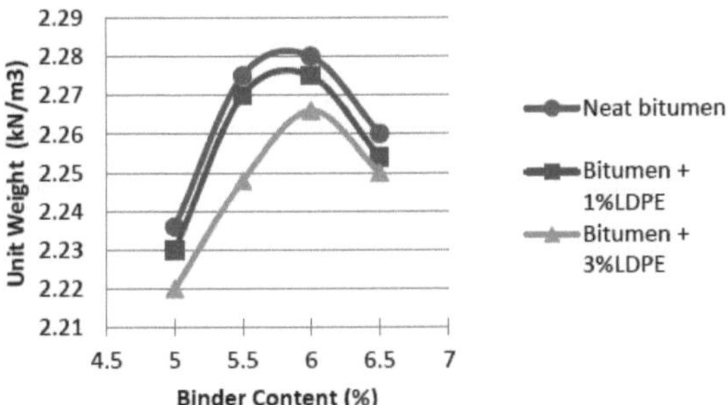

Figura 4.10 *Variações do peso unitário do BC com diferentes teores de ligante e polietileno utilizando enchimento de pó de pedra*

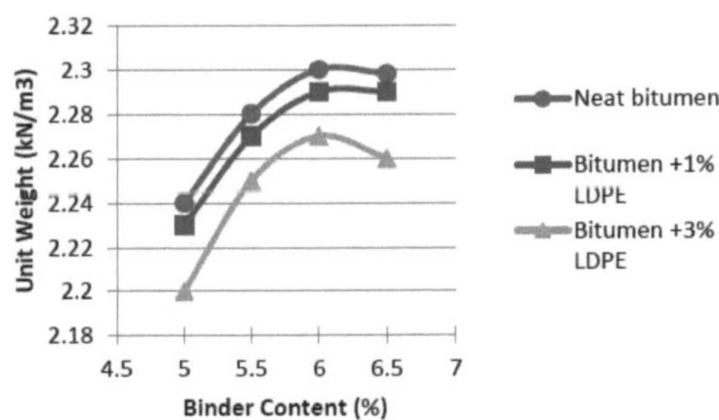

Figura 4.11 *Variações do peso unitário do BC com diferentes teores de ligante e polietileno usando o enchimento GGBS.*

4.3.4 Vazios de ar

Com o aumento do teor de betume, os vazios de ar (v_v) das amostras Marshall diminuem, uma vez que o betume substitui os vazios de ar presentes na mistura. Observa-se que a percentagem de vazios de ar aumenta nas misturas que contêm ligante modificado em comparação com o betume puro, embora as tendências dos gráficos sejam semelhantes. Possivelmente, a razão para o aumento dos vazios de ar deve-se ao aumento da viscosidade do betume modificado com PE, tornando assim as misturas menos compressíveis. A partir da Figura 4.12 e da Figura 4.13, verifica-se que o padrão do gráfico é mais ou menos o mesmo e que não há muita variação dos vazios de ar nos dois tipos de misturas.

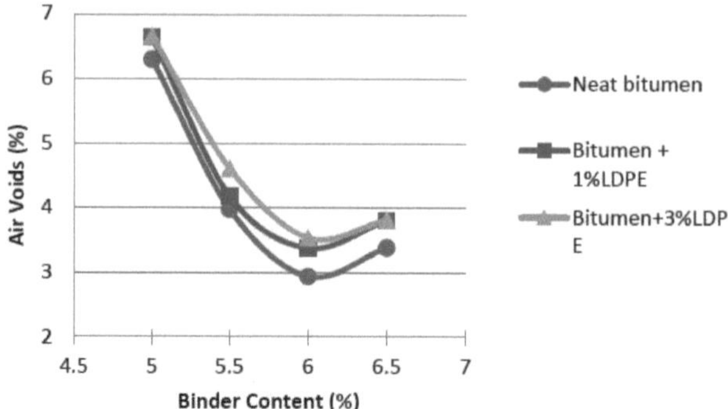

Figura 4.12 *Variações dos valores dos vazios de ar do BC com diferentes teores de ligante e polietileno utilizando enchimento de pó de pedra*

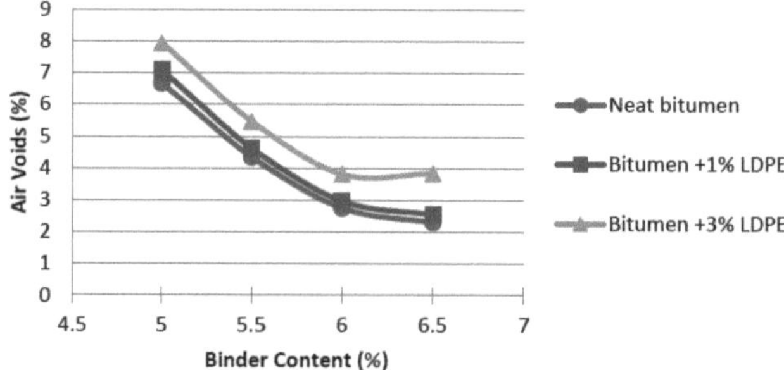

Figura 4.13 *Variações dos valores dos vazios de ar da BC com diferentes teores de ligante e polietileno utilizando o enchimento GGBS*

4.3.5 Vazios em Agregados Minerais (VMA)

O valor do VMA para uma dada gradação de agregados deveria teoricamente permanecer constante. No entanto, neste caso, observa-se que, a um baixo teor de betume, o VMA diminui lentamente com o aumento do teor de ligante e, finalmente, aumenta a um teor elevado de betume, como se pode ver nas Figuras 4.14 e 4.15. A queda inicial do valor do VMA deve-se à reorientação dos agregados na presença do ligante. Com um teor de ligante muito elevado, devido a uma película mais espessa, os agregados afastam-se ligeiramente, resultando num aumento do VMA. No entanto, existe uma ligeira diferença no padrão dos gráficos entre as misturas que contêm pó de pedra e GGBS como material de enchimento, embora a tendência do gráfico seja a mesma. Isto pode dever-se à diferença na textura da superfície dos materiais de enchimento, devido à qual o encravamento entre os agregados e o material de enchimento varia.

A percentagem de VMA também aumenta com o aumento do modificador no ligante. Este facto deve-se à elevada viscosidade do betume modificado, que cria um revestimento mais fino sobre os agregados, provocando assim uma menor mobilidade dos agregados.

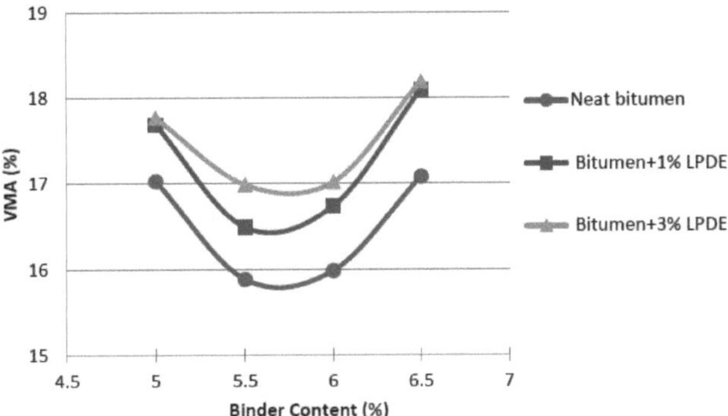

Figura 4.14 *Variações dos valores de VMA do BC com diferentes teores de ligante e polietileno utilizando enchimento de pó de pedra*

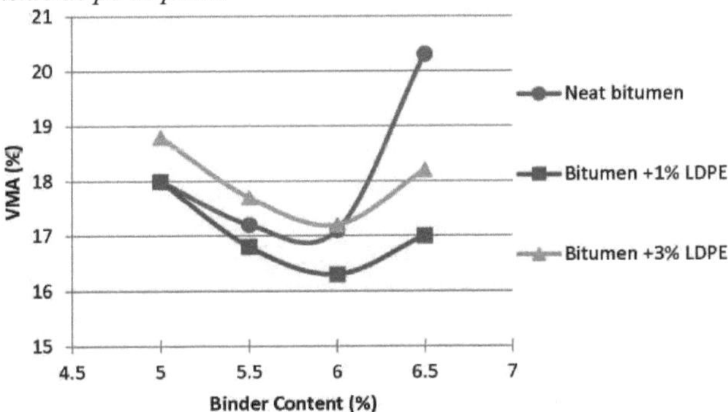

Figura 4.15 *Variações dos valores de VMA do BC com diferentes teores de ligante e polietileno utilizando o enchimento GGBS*

4.3.6 Vazios preenchidos com betume (VFB)

Com o aumento do teor de ligante, os vazios de ar nas amostras Marshall aumentam e, consequentemente, o VFB aumenta. Observa-se que os valores de VFB de diferentes misturas aumentam a uma taxa acentuada com o aumento da concentração de ligante. A variação do VFB com diferentes teores de ligante e diferentes teores de polietileno é apresentada nas Figuras 4.16 e 4.17. A partir destes gráficos, observa-se que, com a adição de polietileno à mistura, o VFB aumenta em relação ao das misturas convencionais.

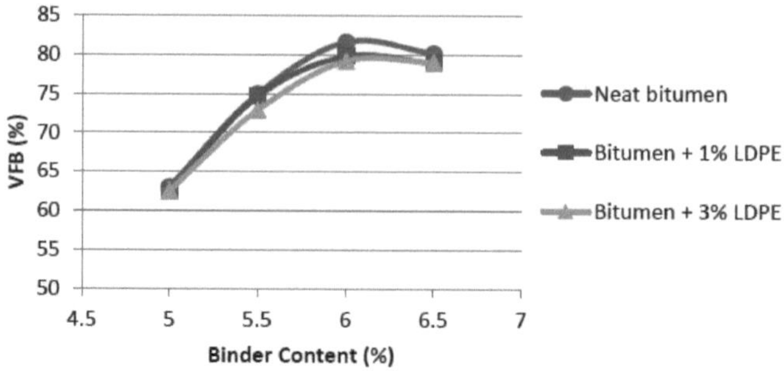

Figura 4.16 *Variações dos valores de VFB do BC com diferentes teores de ligante e polietileno utilizando enchimento de pó de pedra*

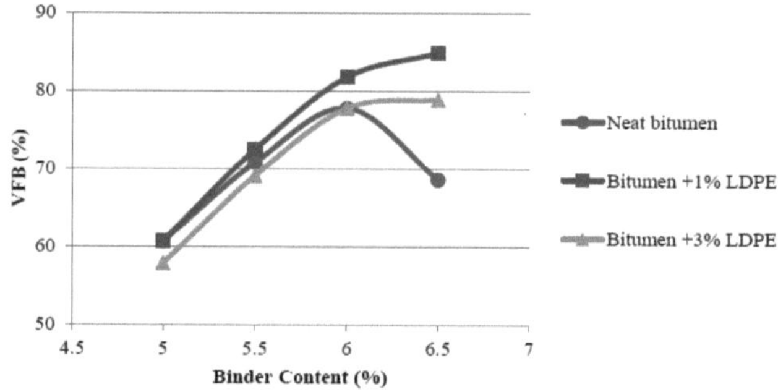

Figura 4.17 *Variações dos valores de VFB do BC com diferentes teores de ligante e polietileno utilizando o enchimento GGBS*

Propriedades gerais da mistura BC

As propriedades gerais das misturas BC com pó de pedra e GGBS são apresentadas no Quadro 4.9 a Quadro 4.14.

Tabela 4.9 *Propriedades Marshall das misturas BC utilizando betume de grau 80/100 e enchimento de pó de pedra*

Propriedades	Teor de aglutinante (%)			
	5	5.5	6	6.5
Peso unitário (kN/m)^3	2.236	2.275	2.28	2.26
Estabilidade Marshall (kN) , 60 C^O	9.15	11.9	12.15	10.87
Caudal (mm), 60 C^O	2.9	3.2	3.7	5.2
Quociente Marshall (kN/mm)	3.16	3.72	3.28	2.1
Vazios de ar (%)	6.3	3.98	2.94	3.39
VMA (%)	17.03	15.88	15.98	17.08
VFB (%)	63.01	74.94	81.6	80.15

Tabela 4.10 *Propriedades Marshall das misturas BC utilizando 1% de betume modificado com PE e enchimento de pó de pedra*

Propriedades	Teor de aglutinante (%)			
	5	5.5	6	6.5
Peso unitário (kN/m)^3	2.25	2.29	2.29	2.27
Estabilidade Marshall (kN), 60^0 C	10.98	12.94	13.56	11.13
Caudal (mm), 60 C°	2.5	2.8	3.2	4.4
Quociente Marshall (kN/mm)	4.4	4.62	4.24	2.53
Vazios de ar (%)	6.64	4.18	3.38	3.81
VMA (%)	17.69	16.49	16.74	18.09
VFB (%)	62.46	74.65	79.81	78.94

Tabela 4.11 *Propriedades Marshall das misturas BC utilizando 3% de betume modificado com PE e enchimento de pó de pedra*

Propriedades	Teor de aglutinante (%)			
	5	5.5	6	6.5
Peso unitário (kN/m)^3	2.19	2.26	2.27	2.23
Estabilidade Marshall (kN) , 60 C°	13.98	15.84	16.31	14.61
Caudal (mm), 60 C°	2.5	2.7	3.1	4.2
Quociente Marshall (kN/mm)	5.6	5.87	5.26	3.48
Vazios de ar (%)	6.66	4.61	3.54	3.82
VMA (%)	17.77	16.99	17.02	18.19
VFB (%)	62.52	72.87	79.2	79

Tabela 4.12 *Propriedades Marshall das misturas BC utilizando betume de grau 80/100 e material de enchimento GGBS*

Propriedades	Teor de aglutinante (%)			
	5	5.5	6	6.5
Peso unitário (kN/m)^3	2.24	2.28	2.3	2.298
Estabilidade Marshall (kN) , 60 C°	9.64	12.49	11.9	9.04
Caudal (mm), 60 C°	2.8	3.1	3.6	3.5
Quociente Marshall (kN/mm)	3.44	4.03	3.31	2.58
Vazios de ar (%)	6.67	4.35	2.76	2.31

VMA (%)	18	17.2	17.1	20.3
VFB (%)	60.7	70.8	77.8	68.6

Tabela 4.13 *Propriedades Marshall das misturas BC utilizando 1% de betume modificado com PE e carga de GGBS*

Propriedades	Teor de aglutinante (%)			
	5	5.5	6	6.5
Peso unitário (kN/m)^3	2.23	2.27	2.29	2.29
Estabilidade Marshall (kN) , 60 C°	11.73	14.43	13.54	9.96
Caudal (mm), 60 C°	2.5	2.8	3.2	4.4
Quociente Marshall (kN/mm)	4.69	5.15	4.23	2.26
Vazios de ar (%)	7.08	4.62	2.97	2.55
VMA (%)	18	16.8	16.3	17
VFB (%)	60.7	72.5	81.8	84.9

Tabela 4.14 *Propriedades Marshall das misturas BC utilizando 3% de betume modificado com PE e carga de GGBS*

Propriedades	Teor de aglutinante (%)			
	5	5.5	6	6.5
Peso unitário (kN/m)^3	2.2	2.25	2.27	2.26
Estabilidade Marshall (kN) , 60 C°	15.32	17.76	16.87	13.76
Caudal (mm), 60 C°	2.4	2.6	3	4.1
Quociente Marshall (kN/mm)	6.38	6.83	5.62	3.36
Vazios de ar (%)	7.94	5.47	3.81	3.84
VMA (%)	18.8	17.7	17.2	18.2
VFB (%)	57.9	69.1	77.8	78.9

Conteúdo ótimo de aglutinante (OBC)

É calculado conforme descrito no capítulo 3, secção 3.6, subsecção 3.6.1.

As propriedades Marshal das misturas de betão betuminoso com um teor ótimo de ligante foram avaliadas e os resultados são apresentados nos quadros 4.15 e 4.16. Verifica-se que a adição de PE aumenta a estabilidade Marshall, o Quociente Marshall (MQ), mas diminui o valor do caudal. Observa-se que o betume modificado com PE proporciona uma melhor resistência à deformação permanente devido à elevada estabilidade e ao elevado Quociente Marshall.

Observa-se que o GGBS, quando utilizado como material de enchimento nas misturas

BC, proporciona uma resistência ligeiramente superior à das misturas com material de enchimento convencional. Mesmo o valor do fluxo é ligeiramente inferior. Mas, ao mesmo tempo, verifica-se que o OBC nas misturas com GGBS como carga é ligeiramente superior ao das misturas convencionais.

Tabela 4.15 *Propriedades das misturas BC com teor ótimo de ligante utilizando pó de pedra como material de enchimento*

Propriedades Marshal	80/100 Betume	Betume+1 % PE	Betume+3 % PE	Especificação (MoRTH, 2000)
OBC (%)	5.71	5.75	5.87	5 a 7
Estabilidade (kN)	12.2	13.05	16.4	Mínimo 9
Caudal (mm)	3.31	3.01	3	2 a 4
UnidadePeso (kN/m3)	2.281	2.276	2.266	-
Vazios de ar (%)	3.4	3.6	3.6	3 a 6
MQ (kN/mm)	3.68	4.48	5.47	3 a 6

Tabela 4.16 *Propriedades das misturas BC com teor ótimo de ligante utilizando o GGBS como material de enchimento*

Propriedades Marshal	80/100 Betume	Betume+1% PE	Betume+3 % PE	Especificação (MoRTH, 2000)
OBC (%)	5.78	5.8	5.9	5 a 7
Estabilidade (kN)	12.4	14.2	17	Mínimo 9
Caudal (mm)	3.25	3	2.9	2 a 4
UnidadePeso (kN/m3)	2.282	2.287	2.264	-
Vazios de ar (%)	3.2	3.45	4.2	3 a 6
MQ(kN/mm)	3.82	4.72	5.86	3 a 6

4.4 Suscetibilidade à humidade das misturas BC

Esta propriedade pode ser analisada através da realização do teste de estabilidade retida, do teste de resistência à tração indireta (ITS), que é posteriormente utilizado para determinar o rácio de resistência à tração indireta (ITSR).

4.4.1 Ensaio de estabilidade Marshall retido (RMS)

Este resultado foi obtido através da equação (3.16). A partir da Figura 4.18, pode concluir-se que a resistência aos danos por humidade aumenta à medida que a percentagem do teor de ligante aumenta e depois diminui. Também se vê que, à medida que o teor de PE no ligante aumenta, os danos causados pela humidade diminuem. Todas as misturas BC deram um RMS máximo a 6% de teor de ligante. A estabilidade máxima retida é observada no betume modificado com 3% de PE e a 6% de teor de ligante. Assim, os resíduos de PE podem ser utilizados como modificadores. O Quadro 4.17 apresenta um valor comparativo do RMS das misturas BC com várias percentagens de ligante e de PE. O MoRTH especifica um RMS mínimo de 75%

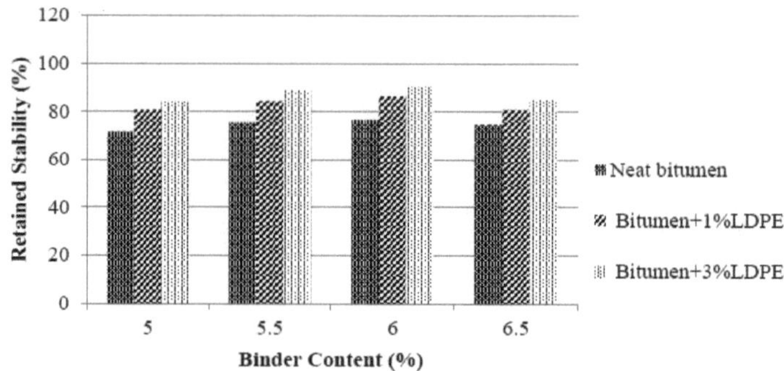

Figura 4.18 *Estabilidade Marshall retida de misturas de BC com diferentes teores de ligante e polietileno utilizando enchimento de pó de pedra*

Tabela 4.17 *Estabilidade Marshall retida de misturas BC com enchimento de pó de pedra*

Aglutinante (%)	Estabilidade Marshall retida			
	5	5.5	6	6.5
Betume limpo	71.44	75.23	76.5	74.5
Betume +1%PE	80.62	84.27	86.32	80.83
Betume +3%PE	84.15	88.72	90.43	84.91

O OBC obtido para o betume puro, o betume modificado com 1% de PE e o betume modificado com 3% de PE das misturas BC utilizando pó de pedra foi de 5,71%, 5,75% e 5,87%. Os RMS correspondentes a estas percentagens de teor de ligante são apresentados na Figura 4.19.

A Figura 4.20 mostra a Estabilidade Retida das misturas BC com enchimento GGBS. Devido a limitações de tempo, as misturas BC com enchimento GGBS foram fabricadas com OBC de betume puro, 1% de betume modificado com PE e 3% de betume modificado com PE, ou seja, 5,78%, 5,8% e 5,9%. Verifica-se que as misturas com enchimento GGBS BC proporcionam uma estabilidade retida ligeiramente mais elevada em comparação com as misturas convencionais, embora o OBC seja ligeiramente mais elevado para as misturas com enchimento GGBS. Por conseguinte, pode concluir-se que ambas as misturas proporcionam uma estabilidade retida comparável. A 3% de betume modificado com PE, observa-se um máximo de

Estabilidade de Retenção.

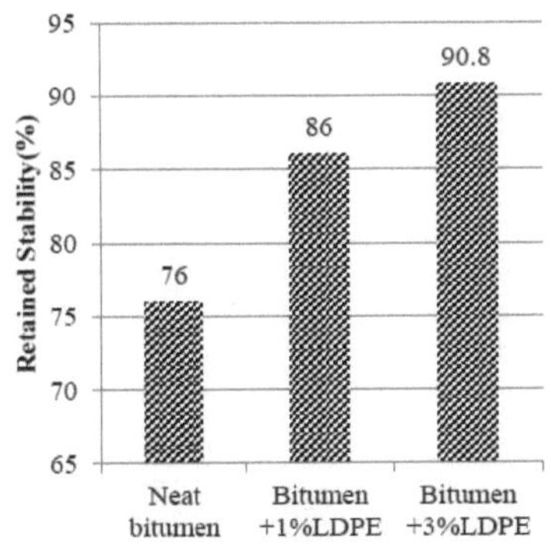

Figure 4.19 *Retained Marshall Stability at OBC OBC of BC mixes using GGBS filler dust filler*

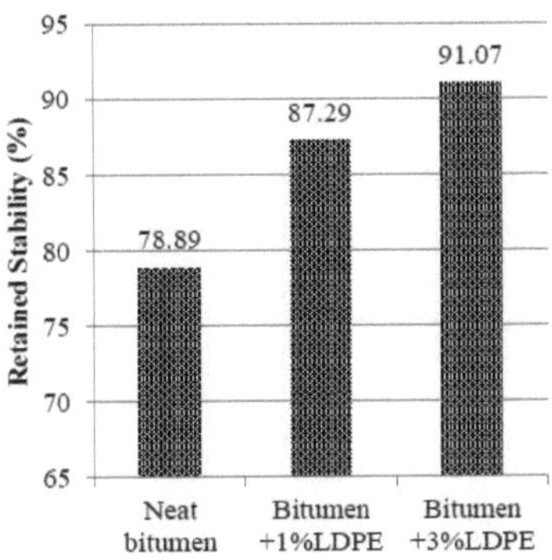

Figure 4.20 *Retained Marshall Stability at of BC mixes using stone*

4.4.2 Ensaio de resistência à tração indireta (ITS) e rácio de resistência à tração indireta (ITSR)

O ITS é calculado através da equação (3.17) e o ITSR através da equação (3.18). A Figura 4.21 mostra o ITS das misturas BC com enchimento de pó de pedra. Pode ver-se que a resistência à tração das misturas BC aumenta com o teor de ligante até um determinado valor, após o qual diminui. A 6% do teor de ligante, observa-se um ITS máximo para todas as misturas BC. Da mesma forma, o ITS aumenta à medida que o teor de PE no ligante aumenta. O betume modificado com 3% de PE deu o valor máximo de ITS a 6% de teor de ligante. Em geral, o betume modificado com 3% de PE proporciona uma maior resistência à tração em comparação com o betume modificado com 1% de PE, que é ainda maior do que as misturas convencionais.

As tabelas 4.18, 4.19 e 4.20 mostram os valores de resistência à tração indireta condicionada e não condicionada das misturas de betão betuminoso com betume puro, betume modificado com 1% de PE e betume modificado com 3% de PE. Utilizando os valores ITS condicionados e não condicionados, a resistência à tração indireta (ITSR) é calculada através da equação (3.18). É expressa em percentagem nas mesmas tabelas.

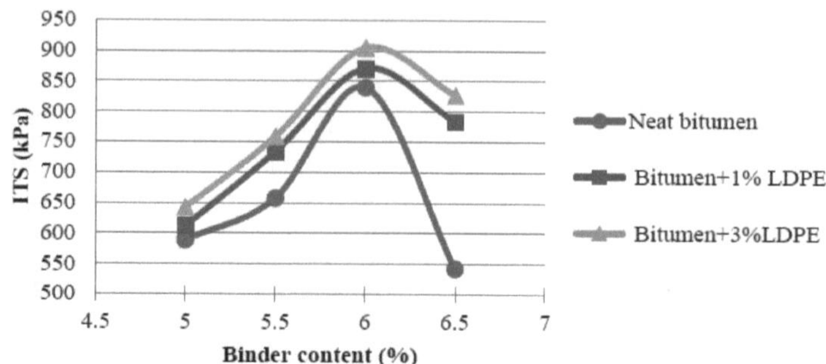

Figura 4.21 *Resistência à tração indireta de misturas de BC não condicionadas com vários teores de ligante e PE utilizando enchimento de pó de pedra*

Tabela 4.18 *Variação do ITS e ITSR para misturas BC com betume puro e enchimento de pó de pedra*

Propriedades	Teor de betume puro (%)			
	5	5.5	6	6.5
ITS não condicionado (kPa)	588.9	657.89	840.14	542.63
ITS condicionado (kPa)	449.92	518.88	681.19	429.71
ITSR (%)	76.4	78.87	81.08	79.19

Tabela 4.19 *Variação do ITS e ITSR para misturas BC utilizando 1% de betume modificado com PE e enchimento de pó de pedra*

Propriedades	1% Teor de betume modificado com PE (%)			
	5	5.5	6	6.5
ITS não condicionado (kPa)	611.9	734.09	870.9	783.81
ITS condicionado (kPa)	544.29	660.65	813.68	696.73
ITSR (%)	88.95	90	93.43	88.89

Tabela 4.20 *Variação do ITS e ITSR para misturas BC utilizando 3% de betume modificado com PE e enchimento de pó de pedra*

Propriedades	3% Teor de betume modificado com PE (%)			
	5	5.5	6	6.5
ITS não condicionado (kPa)	642.29	758.93	904.81	827.36
ITS condicionado (kPa)	599.64	724.85	880.29	795.01
ITSR (%)	93.36	95.51	97.29	96.09

A Figura 4.22 mostra os valores ITSR para diferentes teores de ligante e PE. As misturas BC com ligante modificado apresentaram ITSR mais elevados do que as misturas BC com betume puro. O ITSR aumenta com o teor de ligante até 6%, após o que diminui. O ligante modificado com 3% de PE dá o ITSR mais elevado. O MoRTH especifica uma percentagem mínima de 80%, que é satisfeita pelas misturas com ligante modificado. No entanto, as misturas de betume puro BC deram ITSR de 81,08% a 6% de teor de ligante.

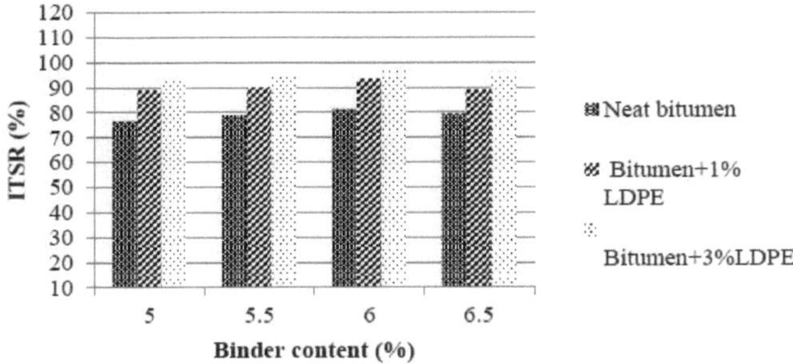

Figura 4.22 *Rácio de resistência à tração indireta das misturas BC com vários teores de ligante e PE, utilizando enchimento de pó de pedra*

O OBC obtido para o betume puro, o betume modificado com 1% de PE e o betume modificado com 3% de PE das misturas BC utilizando pó de pedra foi de 5,71%, 5,75% e 5,87%. Os ITSR correspondentes a estas percentagens de teor de ligante são apresentados na Figura 4.23.

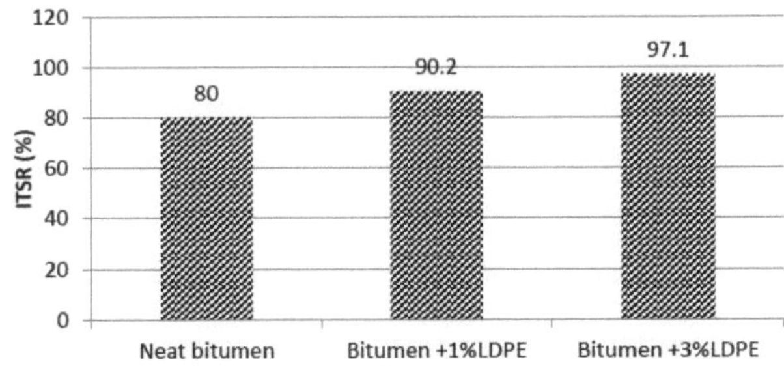

Figura 4.23 *ITSR no OBC de misturas BC com enchimento de pó de pedra*

ITSR de misturas BC com enchimento de GGBS

A Figura 4.24 mostra que as misturas de BC com enchimento GGBS foram feitas com OBC de betume puro, 1% de betume modificado com PE e 3% de betume modificado com PE, ou seja, 5,78%, 5,8% e 5,9%, a resistência à tração indireta não condicionada foi de 757,15kPa, 838,24kPa e 870,9kPa. A ITS condicionada foi de 618,36kPa, 783kPa e 850,17kPa

Verifica-se que as misturas de betume com carga de GGBS dão ITSR ligeiramente mais elevados em comparação com as misturas convencionais, embora o OBC seja ligeiramente mais elevado para as misturas com carga de GGBS. A 3% de betume modificado com PE, observa-se um ITSR máximo. O ITSR mínimo do MoRTH é de 80%, o que é satisfeito pelas misturas BC com carga de GGBS.

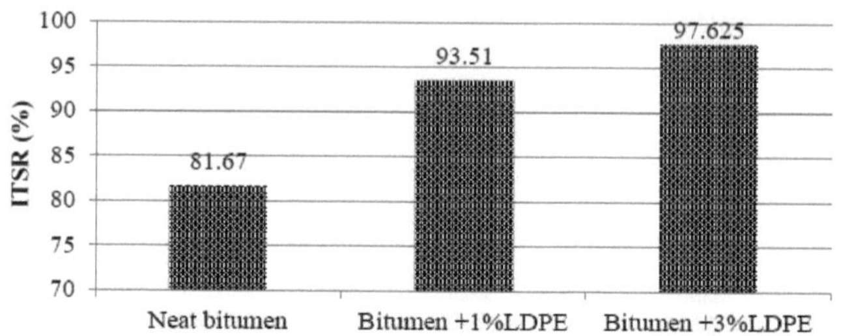

Figura 4.24 *ITSR no OBC de misturas BC com enchimento de GGBS*

Do ponto de vista da suscetibilidade à humidade, as misturas betuminosas com ligante modificado com PE apresentaram melhores resultados. Assim, os resíduos de PE podem ser utilizados como modificadores. O teor ótimo de polietileno (OPC) foi de 3%.

O GGBS, sendo um subproduto da fábrica de aço, deu resultados desejáveis. Por conseguinte, o GGBS pode ser utilizado como material de enchimento na construção de pavimentos.

CAPÍTULO 5

Conclusão

Do presente estudo podem ser retiradas as seguintes conclusões

1. À medida que a percentagem de modificador (PE) aumenta, o valor de penetração e ductilidade diminui, enquanto o ponto de amolecimento aumenta. Devido ao ponto de amolecimento mais elevado, o ligante modificado pode ser utilizado em climas quentes, onde o betume tende a amolecer a temperaturas mais elevadas. Do ponto de vista da suscetibilidade à temperatura, os ligantes modificados são menos susceptíveis à temperatura do que o betume puro.

2. De acordo com a norma IS 15462:2004, concluiu-se que o betume modificado com 1% e 3% de PE em peso de betume seria utilizado para os trabalhos futuros do projeto. O grau do betume modificado foi PMB40.

3. O aumento da estabilidade situa-se no intervalo de 10% a 35%. O valor do fluxo diminui à medida que o modificador aumenta nas misturas BC.

4. O Quociente Marshall (MQ) situa-se no intervalo de 3-6 kN/mm. A resistência à tração das misturas BC com ligante modificado foi 5% a 10% superior à resistência à tração das misturas BC com betume puro.

5. A partir do ensaio de estabilidade Marshall retida, observou-se que a perda de estabilidade no betume puro é de cerca de 35%. No caso do ligante modificado, a perda de estabilidade é de cerca de 10% a 15%. O ligante que contém 3% de PE em peso de betume é mais resistente aos danos causados pela humidade. A partir do rácio de resistência à tração indireta, verificou-se que, à medida que o teor de PE aumenta no betume, o ITSR também aumenta. Conclui-se, assim, que as misturas modificadas com PE são menos susceptíveis à humidade. 3% de PE por peso de betume deu os melhores resultados possíveis. Assim, o teor ótimo de polietileno (OPC) foi decidido como sendo de 3%.

6. Os mesmos testes foram efectuados utilizando GGBS como material de enchimento. O GGBS, sendo um subproduto de uma fábrica de aço, foi utilizado, o que também deu resultados desejáveis. Os valores de estabilidade aumentaram de 15% a 43%, o que é mais elevado do que as misturas BC com enchimento de pedra.

7. A estabilidade retida situa-se no intervalo de 78% a 92%, a propriedade de tração aumenta em 10% a 15%, o que é superior às misturas BC de enchimento com pó de pedra. O ITSR situa-se no intervalo de 82% a 98%. Todas as percentagens acima referidas aumentam com um teor mais elevado de PE no betume. As caraterísticas de suscetibilidade à humidade foram semelhantes às das misturas BC com enchimento de pó de pedra.

8. Assim, esta investigação explora não só a utilização mais benéfica dos resíduos de plásticos não degradáveis e do subproduto industrial GGBS, mas também oferece uma oportunidade para melhorar o material do pavimento em camadas de superfície, tornando-o assim mais durável.

REFERÊNCIAS

1. Button, J.W., Little, D.N., Kim, Y., e Ahmed, J., (1987).Mechanistic Evaluation of Selecte Asphalt Additives, Proceedings of Association of Asphalt Paving Technologists, 56,pp. 62-90.

2. Denning, J.H., e Carswell, J., (1983). Assessment of 'Novophalt' as a Binder for Hot Rolled Asphalt Wearing Coarse, Department of Environment, Department of Transport, Transportation and Road Research Laboratory, Report LR 1101, Crowthrone, UK.

3. Nahaas, N.C., Barder, J., Eckmann, B., e Siano, D.B., (1990). Polymer Modified Asphalts For High Performance Hot Mix Pavement Binders, Proceedings of Association of Asphalt Paving Technologists, 59, pp. 509-525.

4. Jew, P., e Woodhams, R.T., (1986). Polyethylene Modified Asphalt Cement For Paving Applications, Proceedings of Association of Asphalt Paving Technologists, 55, pp. 541-562.

5. Qi, X., Sebaaly, P.E., e Epps, J.A., (1995). Evaluation of Polymer-Modified Asphalt Concrete Mixtures, Journal of Materials in Civil Engineering, 7 (2), pp. 117-124.

6. Brule, B., (1996). Conteúdo de asfalto modificado com polímero utilizado na indústria de construção de estradas: Princípios básicos, TransportationResearch Record, n.º 1535, pp. 48-53.

7. Goodrich, J., (1991). Asphaltic Binder Rheology, AsphaltConcrete Rheology and Asphalt Concrete Mix Properties, Proceedings of the Association of Asphalt Paving Technologists, pp. 80-120.

8. Little, D.N., (1991). Performance Assessment of Binder-RichPolyethylene Modified Asphalt Concrete Mixtures (NOVOPHALT), Transportation Research Record, No. 1317,pp. 1-7.

9. Punith, V.S., Raju, S., Bose, S., Veeraragavan, A., e Suresha,S.N., (2004). Characterization of Polymer and Fiber-Modified Porous Asphalt Mixtures, Actas da 83ª Reunião Anual do Transportation Research Board, Washington, D.C., EUA.

10. Baladi, G., (1989). Fatigue Life and Permanent DeformationCharacteristics of Asphalt Concrete, Transportation Research Record, No. 1227, pp. 75-87.

11. Jain, P.K., Sangita, Bose, S., e Arya, I.R., (1992).Characterization of Polymer Modified Asphalt Binders for Roads and Airfields, ASTM STP 1108, pp. 341356.

12. Panda, M., e Muzumdar, M., "Engineering properties of EVA modified bitumen for paving mixes." Journal of Material in Civil Engineering, ASCE, 1999, 11(2), pp.131-137

13. Airey, G.D., e Brown, S.F., (1998). Rheological Performance of Aged Polymer Modified Bitumens, Proceedings of Association of Asphalt Paving Technologists, 67, pp. 66-100.

14. Panda, M., e Muzumdar, M., (2002). Utilization of Reclaimed Polyethylene in Bituminous Paving Mixes, Journal of Materials in Civil Engineering, ASCE, 14 (6), pp. 527-530.

15. A. I. Al-Hadidy e Tan Yi-qiu, "Comparative Performance of the SMAC Made with the SBS and ST-Modified Binders" journal of materials in civil engineering © asce / june 2010/ 22:580-587.

16. Hyun Hwan Kim; Kyu-Dong Jeong; Moon Sup Lee; e Soon-Jae Lee, "Effect of FT Paraffin Wax Contents on Performance Properties of Crumb Rubber- Modified Asphalt Binders" journal of materials in civil engineering © asce /july 2015/ 04015011-1

17. Rafiqul A. Tarefder e Seyed S. Yousefi, "Rheological Examination of Aging in Polymer-Modified Asphalt" Journal of Materials in Civil Engineering, © ASCE,/julho 2015/ISSN 0899-1561/04015112(12)

18. Palit, S.K., Sudhakar Reddy, K., e Pandey, B.B., (2004). Laboratory Evaluation of Crumb Rubber Modified Asphalt Mixes, Journal of Materials in Civil Engineering, ASCE, 16 (1), pp. 45-53.

19. NurIzzi Md. Yusoff , Aeyman Abozed Saleh Breem , Hani N.M. Alattug , AsmahHamima, Juraidah Ahmad, "Os efeitos da suscetibilidade à humidade e das condições de envelhecimento em misturas de asfalto modificadas com nano-sílica/polímero" Construção e Materiais de Construção 72 (2014) 139-147

20. A. U. Ravi Shankar, K. Koushik e Goutham , "Performance studies on bituminous concrete mixes using waste plastics" highway research journal, January - June 2013 Volume 6 No. 1

21. V. S. Punith e A. Veeraragavan." Behavior of Reclaimed Polyethylene Modified Asphalt Cement for Paving Purposes" (Comportamento do cimento asfáltico modificado com polietileno recuperado para fins de pavimentação), revista de materiais em engenharia civil, ASCE, 2011, 23 (6) pp 833-845

22. V. S. Punith e A. Veeraragavan, "Behavior of Asphalt Concrete Mixtures with Reclaimed Polyethylene as Additive" (Comportamento de misturas de betão asfáltico com polietileno recuperado como aditivo), revista de materiais em engenharia civil, ASCE, 2007, 19(6), pp 500-507

23. DipuSutradhar, Mintu Miah, GolamJilany Chowdhury, Mohd. Abdus Sobhan, "Effect of Using Waste Material as Filler in Bituminous MixDesign" American Journal

of Civil Engineering. Vol. 3, No. 3, 2015, pp. 88-94.

24. Mei-zhu Chen, Jun-tao Lin, Shao-peng Wua, Cong-hui Liu, "Utilização de pó de tijolo reciclado como enchimento alternativo na mistura de asfalto" Construção e Materiais de Construção 25 (2011) 1532-1536.

25. Meizhu Chen 1, Juntao Lin 1, Shaopeng Wu, "Potencial de pó de agregados finos reciclados como enchimento na mistura de asfalto" Construção e Materiais de Construção 25 (2011) 3909-3914.

26. WeiguoShena,b, MingkaiZhoua,WeiMab, Jinqiang Hub, Zhi Caib, "Investigation on the application of steel slag-fly ash-phosphogypsum solidified material as road base material" Journal of Hazardous Materials 164 (2009)99-104.

27. Yongjie Xuea, Shaopeng Wu , HaoboHoua, Jin Zhab, "Experimental investigation of basic oxygen furnace slag used as aggregate in asphalt mixture", Journal of Hazardous Materials B138 (2006) 261-268.

28. Shaopeng Wu, YongjieXue, Qunshan Ye, Yongchun Chen, "Utilização de escórias de aço como agregados para misturas de asfalto pedregoso (SMA)" Building and Environment 42 (2007) 2580-2585

29. YongjieXue,HaoboHou , Shujing Zhu , Jin Zha, "Utilização de cinzas de incineração de resíduos sólidos urbanos em misturas asfálticas de mástique de pedra: Pavement performance and environmental impact" Construction and Building Materials 23 (2009) 989996.

30. JanainaSetinMotter; Leonardo Fagundes Rosemback Miranda e LiediLegiBarianiBernucci," Performance of Hot Mix Asphalt Concrete Producednwith Coarse Recycled Concrete Aggregate" Journal of Materials in Civil Engineering, © ASCE, ISSN 0899-1561/04015030(7)/ March 2015.

31. Olugbenga A. Ehinola, Olugbenga A. Falode e G. Jonathan, "Softening point and Penetration Index of bitumen from parts of Southwestern Nigeria" NAFTA 63 (9-10) 319-323 (2012).

32. Asim Hassan Ali, NuhaS.Mashaan, e Mohamed Rehan Karim, "Investigações de propriedades físicas e reológicas de betume envelhecido com borracha" Hindawi Publishing Corporation, Avanços em Ciência e Engenharia de Materiais, Volume 2013, Artigo ID 239036, 7 páginas.

33. Seyed Abbas Tabatabaei, "Evaluate Aging Effect of SBS Modified Bitumen" (Avaliar o efeito do envelhecimento do betume modificado com SBS) International Journal of Civil, Environmental, Structural, Construction and Architectural Engineering Vol:7, No:2, 2013.

34. Praveen Kumar e Md. Tanveer Khan, "Evaluation of Physical Properties of Sulphur Modified Bitumen and its Resistance to Ageing" (Avaliação das propriedades físicas do betume modificado com enxofre e da sua resistência ao envelhecimento) Elixir Chem. Engg. 2013, 55A, 13104 - 13107

3 5.IS 15462: 2004 "Polymer and Rubber Modified Bitumen -Specification", Bureau of Indian Standards, 2004, New Delhi,

36. IRC: SP: 98-2013 "Diretrizes para a utilização de resíduos de plástico em misturas betuminosas a quente (processo seco) em camadas de desgaste", IRC, Nova Deli,

37. IRC: SP: 53-2002, "Guidelines on use of modified bitumen in road construction", Indian Road Congress, 2002, New Delhi,

38. IS 73:2013 "Betume para pavimentação - Especificação", Gabinete de Normas Indianas, Nova Deli, 2013

39. IS 1201 a 1220 (1978): "Methods for Testing Tar and Bituminous Materials" Bureau of Indian Standards, New Delhi, 2007

40. Ministério dos Transportes Rodoviários e das Auto-estradas, "Specifications for Road and Bridge Works", IRC, 2001, Nova Deli.

Printed by Books on Demand GmbH, Norderstedt / Germany